UNIVERSITÉ DE FRANCE. — ACADÉMIE DE NANCY

DES DIVERS BÉNÉFICES

ACCORDÉS

AUX CAUTIONS

EN DROIT ROMAIN ET EN DROIT FRANÇAIS

THÈSE POUR LE DOCTORAT

PRÉSENTÉE

A LA FACULTÉ DE DROIT DE NANCY

PAR

Auguste PIERRONNET

AVOCAT A LA COUR D'APPEL

SESSION D'AOUT 1874

NANCY

IMPRIMERIE BERGER-LEVRAULT & Cie

11, RUE JEAN-LAMOUR, 11

1874

DES ·DIVERS BÉNÉFICES·

ACCORDÉS

AUX CAUTIONS

EN DROIT ROMAIN ET EN DROIT FRANÇAIS

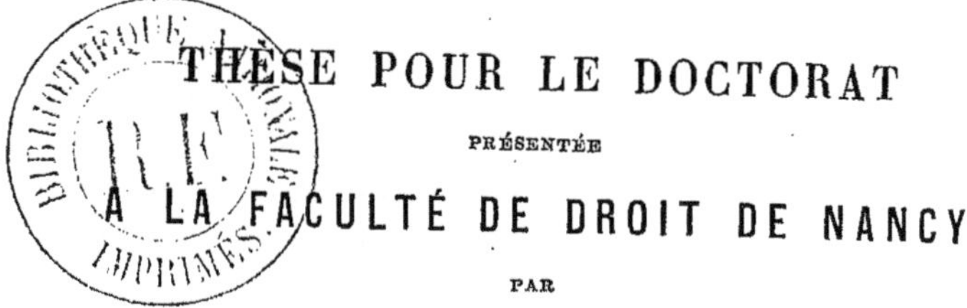

THÈSE POUR LE DOCTORAT

PRÉSENTÉE

A LA FACULTÉ DE DROIT DE NANCY

PAR

Auguste PIERRONNET

AVOCAT A LA COUR D'APPEL

L'acte public sur les matières ci-après sera présenté et soutenu
le Mardi 11 août 1874, à 4 heures du soir

Président : M. Dubois, *Professeur.*

Suffragants : { MM. Lederlin, Lombard, } *Professeurs.* { Chobert, Blondel, } *Agrégés.*

*Le Candidat répondra, en outre, aux questions qui lui seront faites
sur les autres matières de l'enseignement.*

FACULTÉ DE DROIT DE NANCY.

MM. JALABERT, ✳, I 🎗,   Doyen, Professeur de Code civil (1re chaire) et Chargé du cours d'histoire du Droit romain et du Droit français.

LEDERLIN, A 🎗,   Professeur de Droit romain (2e chaire), autorisé à faire le cours de Pandectes.

LOMBARD (A.), A 🎗,   Professeur de Droit commercial et Chargé du cours de Droit des gens.

VAUGEOIS, I 🎗,   Professeur de Code civil (3e chaire) et Chargé du cours de Droit français étudié dans ses origines féodales et coutumières.

LIÉGEOIS, A 🎗,   Professeur de Droit administratif et Chargé du cours d'Économie politique.

DUBOIS, A 🎗,   Professeur de Droit romain (1re chaire).

CHOBERT,   Agrégé, Chargé du cours de Code civil (2e chaire).

VILLEY,   Agrégé, Chargé du cours de Droit criminel.

BLONDEL,   Agrégé, Chargé du cours de Pandectes, autorisé à faire le cours de Droit romain (2e chaire).

BINET,   Agrégé, Chargé du cours de Procédure civile.

ORTLIEB,   Agrégé.

LOMBARD (Paul),   Agrégé.

M. LACHASSE,   Docteur en Droit, secrétaire, agent comptable.

A MON PÈRE, A MA MÈRE

A MA GRAND'MÈRE

A MES PARENTS

A MES AMIS

DROIT ROMAIN

DES DIVERS BÉNÉFICES

ACCORDÉS AUX CAUTIONS

Dans son sens étymologique et romain, une *cautio* est une garantie, une sûreté quélconque.

L'expression caution, dans notre étude, n'aura point une signification aussi étendue ; elle ne comprendra même pas tous les *intercessores,* mais ceux-là seulement qui s'obligent accessoirement et personnéllement pour la dette d'autrui, c'est-à-dire les *adpromissores,* les *mandatores pecuniæ credendæ* et les personnes qui font le pacte de constitut pour la dette d'un tiers.

La position de ces différentes personnes, à l'origine très-pénible, s'adoucit successivement, et les lois, la jurisprudence, les rescrits des empereurs et même les novelles, la rendirent moins précaire en accordant aux cautions plusieurs bénéfices.

Ces bénéfices, qui feront l'objet de notre étude, sont au nombre de cinq :

1° Le bénéfice de la loi Apuleia (an de Rome 652);

2° Le bénéfice de la loi Furia (an de Rome 659);

3° Le bénéfice de cession d'actions, dû à la jurisprudence;

4° Le bénéfice de division, introduit par un rescrit d'Adrien;

5° Le bénéfice d'ordre ou de discussion, établi ou rétabli en 535 par la novelle IV de Justinien.

Nous avons énuméré ces divers bénéfices dans l'ordre chronologique de leur établissement, et nous suivrons ce même ordre dans l'examen particulier que nous allons faire de chacun d'eux.

Observons dès maintenant et d'une manière générale que, parmi ces bénéfices, les uns s'appliquaient à toutes les cautions, tandis que les autres étaient spéciaux à quelques-unes d'entre elles. Remarquons aussi que, parmi ceux qui étaient communs à toutes les cautions, il y en avait qui, établis d'abord pour une de ces classes, avaient fini par s'étendre aux autres.

CHAPITRE PREMIER

Bénéfice de la loi Apuleia

Gaïus (*Comm.* III, § 122) s'occupe de ce bénéfice, qui était spécial aux *sponsores* et aux *fidepromissores*. Avant la loi Apuleia il existait, au cas où plusieurs *adpromissores* étaient intervenus pour le même débiteur, un grave inconvénient auquel cette loi est venue remédier. En effet, chacun de ces *adpromissores* était obligé pour le tout ; le créancier pouvait donc s'adresser à l'un d'eux et lui demander la totalité de la dette. Cette faculté dont jouissait le créancier, les jurisconsultes romains la déduisaient de la forme que les *adpromissores* avaient employée pour s'obliger. Ils avaient répondu à la stipulation : *Idem spondes ? Idem fidepromittis ? Idem fide tua esse jubes ?* suivant qu'ils avaient voulu se constituer *sponsores, fidepromissores* ou *fidéjusseurs*. Tous, ils avaient promis la même chose que le débiteur principal ; partant, lorsque l'un d'eux, soit spontanément, soit poursuivi par le créancier, avait payé toute la dette, c'est sa propre dette qu'il avait payée. On lui donnait, à la vérité, contre le débiteur qu'il avait ainsi libéré une action de mandat ou de gestion d'affaires pour se faire indemniser ; mais, le plus souvent, l'insolvabilité de ce débiteur rendait ce recours illusoire et inefficace, et dans ce cas il n'était point permis à celui qui avait payé de se retourner contre les autres *adpromis-*

sores et de leur faire supporter une part contributoire dans la perte. Quelle action, en effet, aurait-il intentée contre eux ? Une action de mandat ? Mais il n'était intervenu entre eux aucun contrat de mandat. Une action de gestion d'affaires ? Non encore, car s'il avait payé, c'était pour acquitter sa propre dette, son intention n'avait été en aucune manière de gérer l'affaire des autres. Il est certain qu'en fait il les avait libérés, mais les jurisconsultes romains ne voyaient pas dans cette circonstance un motif suffisant pour lui accorder contre eux une action de gestion d'affaires. L'*adpromissor* se trouvait donc exposé à voir le paiement tout entier rester à sa charge. Toutefois, dans le cas où les *adpromissores* avaient fait entre eux un contrat de société, celui qui avait payé, pouvait, par l'action *pro socio*, se faire indemniser par les autres proportionnellement à leurs parts dans la société.

La loi Apuleia, généralisant cette dernière décision, vint au secours des *sponsores* et des *fidepromissores*, en établissant de plein droit entre eux une sorte de société, *societatem quamdam*. Gaïus nous apprend, en effet, que, d'après cette loi, celui qui avait payé plus que sa part dans la dette, avait contre ses coobligés un recours pour se faire rembourser ce qu'il avait payé au delà de cette part. Dès lors, la perte résultant de l'insolvabilité du débiteur ne retombait plus sur un seul des *sponsores* et des *fidepromissores*, mais se répartissait entre tous. Les *fidéjusseurs* étaient exclus de ce bénéfice.

Cette loi, portée l'an de Rome 652, n'était pas spéciale à l'Italie, mais s'étendait à tout l'empire.

Une disposition appartenant à une loi dont le nom est illisible dans le manuscrit de Gaïus, mais qui est très-probablement la loi Apuleia, exigeait que le créancier qui recevait des *sponsores* et des *fidepromissores* indiquât clairement et à l'avance leur nombre et l'objet pour lequel ils s'engageaient. Faute par lui de ce faire, les *sponsores* et les *adpromissores* avaient un délai de trente jours pour faire constater que cette déclaration n'avait pas eu lieu, et ce fait constaté, ils étaient libérés. (Gaïus, *Comm.* III, § 123.) Il semble rationnel de supposer que cette disposition appartient à la loi Apuleia. Cette loi ayant, en effet, établi de plein droit une société entre les *sponsores* et les *fidepromissores*, on comprend aisément qu'elle ait exigé qu'avant leur engagement il fût déclaré nettement pour quel objet et en quel nombre ils allaient être associés : deux points indispensables pour apprécier l'étendue de leur obligation.

CHAPITRE II

Bénéfice de la loi Furia

Le second bénéfice accordé aux cautions est celui de la loi Furia. Cette loi, portée l'an de Rome 659 et par conséquent sept ans après la précédente, est, de même que celle-ci, spéciale aux *sponsores* et aux *fidepromissores*. Elle contenait plusieurs innovations.

En premier lieu, les *sponsores* et les *fidepromissores* étaient tenus *in perpetuum,* comme tous les débiteurs ; la loi Furia les déclare libérés *ipso jure* à l'expiration d'un délai de deux ans. (Gaïus, *Comm.* III, § 121.)

Les *sponsores* et les *fidepromissores* étaient, en second lieu, tenus *in solidum;* la loi Furia vint restreindre l'étendue de leur obligation : elle décida que le créancier ne pourrait demander à chacun que sa part virile, et, pour calculer cette part, elle ne tenait compte que de ceux qui survivaient à l'époque de l'exigibilité (Gaïus, *Comm.* III, § 121). Cette manière de calculer pourrait nous étonner si Gaïus, au § 120, ne nous apprenait qu'à la différence des *fidéjusseurs,* les *sponsores* et les *fidepromissores* ne transmettaient pas leurs obligations à leurs héritiers. Du reste, si on ne comptait que les survivants, à l'époque de l'échéance, on les comptait tous, qu'ils fussent solvables ou non. Ainsi, le résultat de la loi Furia était le suivant : la mort de l'un des *sponsores* ou *fidepromissores* augmentait

la part contributoire des autres, tandis que les conséquences de l'insolvabilité de l'un d'eux étaient supportées
par le créancier.

Que si le créancier, contrairement aux dispositions de
la loi Furia, poursuivait un seul des *sponsores* ou *fidepromissores* pour le tout, il commettait une *plus-petitio* qui
entraînait les conséquences les plus fâcheuses : il n'obtenait pas condamnation contre celui qu'il poursuivait et
perdait son droit contre les autres.

La loi Furia ne s'appliquait qu'à l'Italie, et cette circonstance fournit à Gaïus la solution d'une question qu'on
se posait de son temps : on se demandait, en effet, si cette
loi n'abrogeait pas complétement le bénéfice de la loi Apuleia. Ces deux dispositions législatives sont incompatibles,
car la loi Apuleia suppose qu'un seul peut être poursuivi
pour le tout, tandis que c'est précisément cette obligation
in solidum que la loi Furia a pour but d'écarter. Gaïus
tranche la difficulté en remarquant que la loi Apuleia
reste en vigueur dans tout l'empire, hormis l'Italie, et
que la loi Furia est spéciale à cette dernière.

Cette loi Furia fut la principale cause de la disparition
des *sponsores* et des *fidepromissores* qui, seuls, étaient
protégés par elle.

En leur accordant une protection exagérée, elle était, en
effet, trop contraire aux intérêts du créancier qui, en exigeant plusieurs garants, voulait obtenir des sûretés, mais
non prendre à sa charge les risques de l'insolvabilité de
l'un ou de plusieurs d'entre eux.

Aussi, pour échapper aux dispositions si peu favorables

de la loi Furia, les créanciers exigèrent-ils l'intervention non plus de *sponsores* ou de *fidepromissores*, mais de fidéjusseurs, qui, eux, ne jouissaient pas du bénéfice de la loi Furia et qui peut-être même n'existaient pas encore lorsque cette loi fut portée. La disposition, en effet, qui les mentionne pour la première fois est une loi Cornélia, de l'an de Rome 673, laquelle défendait, sauf certaines exceptions, à une même personne de s'engager dans le cours de la même année pour un même débiteur auprès d'un créancier unique, pour une valeur supérieure à vingt mille sesterces.

CHAPITRE III

Bénéfice de cession d'actions

La jurisprudence avait introduit en faveur des cautions un troisième bénéfice, celui de la cession d'actions. Ce bénéfice était commun aux *adpromissores*, aux *mandatores pecuniæ credendæ* et à ceux qui font le pacte de constitut pour garantir la dette d'autrui. Mais la nature de l'engagement de ces diverses classes d'obligés accessoires n'étant pas la même, les règles de la cession des actions n'étaient pas identiques à l'égard des uns et des autres. Aussi examinerons-nous successivement les effets de ce bénéfice en ce qui concerne chacun d'eux.

Section Iʳᵉ — DU BÉNÉFICE DE CESSION D'ACTIONS ACCORDÉ AUX *ADPROMISSORES*

Pour bien comprendre l'importance du bénéfice de cession d'actions, il faut considérer comment les choses se passaient avant qu'il fût introduit.

Lorsque l'*adpromissor* paie soit spontanément, soit sur les poursuites du créancier, il éteint complétement la dette du débiteur principal ; mais comme il a payé une dette qui n'est pas la sienne, il doit avoir un recours contre le débiteur libéré ; et, en effet, à la place de l'ancienne créance éteinte par le paiement, il naît à son profit une créance nouvelle de mandat ou de gestion d'affaires. Il a donc pour exercer son recours contre le *reus* soit une action *mandati contraria*, soit une action *negotiorum gestorum* : « Si quid autem fidejussor pro reo solverit ejus recuperandi causâ habet cum eo mandati judicium. » (Inst., *De fidej.*, § 6, 3, 20.) Ulpien dit également (loi 29, § 6, D. *Mandati*, 17, 1, *in fine*) : « Æquissimum est mandati judicio eum quod solvit recuperare. » Si ces textes ne parlent que de l'action de mandat, c'est qu'ils ont en vue l'hypothèse qui se présente le plus fréquemment, l'*adpromissor* intervenant le plus souvent sur le mandat que lui donne le débiteur. Mais si l'*adpromissor* est intervenu à l'insu du débiteur et dans l'intention de faire les affaires de celui-ci, ce n'est plus alors un mandataire : c'est un *negotiorum gestor*, et, en cette qualité, il exercera son recours par l'action *negotiorum gestorum contraria* : « Fidejussori negotiorum gestorum est actio, si pro absente fidejusserit ; nam mandati actio non potest competere, quum non antecesserit mandatum. » (Loi 20, § 1, D. *Mandati*, 17, 1.)

Dans les textes précités, il n'est question que des fidéjusseurs ; mais il est certain que les actions *mandati* et *negotiorum gestorum* appartenaient également aux *sponsores* et aux *fidepromissores*. (Gaïus, *Comm.* III, § 127.) La loi Publilia donnait même au *sponsor*, pour assurer son recours, une action au double, l'action *depensi*. (Gaïus, *Comm.* III, § 127.) Elle lui donnait aussi la *manus injectio pro judicato* contre le débiteur qui n'avait pas remboursé dans les six mois ce qui avait été payé à son acquit. (Gaïus, *Comm.* IV, § 22.)

Si, en principe, l'*adpromissor* avait contre le *reus* un recours au moyen des actions de mandat ou de gestion d'affaires, il était certains cas où cette ressource lui faisait défaut ; c'est ce qui arrivait lorsqu'il était intervenu malgré le débiteur. Paul s'exprime ainsi sur ce point : « Si pro te præsente et vetante fidejusserim, nec mandati actio, nec negotiorum gestorum est ; sed quidam utilem putant dari oportere, quibus non consentio, secundum quod et Pomponio videtur. » (L. 40, D. *Mandati*, 17, 1.)

Ce texte montre que tous les jurisconsultes étaient d'accord pour refuser à l'*adpromissor* une action de mandat ou de gestion d'affaires ; mais fallait-il le laisser sans aucune ressource à l'encontre du débiteur ? Ici les avis se partageaient : une partie des jurisconsultes, et notamment Gaïus et Papinien, voulaient lui donner une action *negotiorum gestorum utile* ; mais les autres, et parmi eux Paul, Pomponius et Julien, lui refusaient tout recours. C'est l'opinion de ces derniers que Justinien a consacrée dans la loi 24, C., *De negotiis gestis*, 2, 19.

Cette hypothèse devait se présenter assez rarement dans la pratique, écartons-la donc et passons au cas où l'*adpromissor* a l'action *mandati* ou *negotiorum gestorum*. Même avec l'aide de ces actions, son remboursement n'est pas bien assuré ; il est, en effet, subordonné à toutes les chances de l'insolvabilité du *reus*, car aucune garantie accessoire n'accompagne ces actions en recours.

D'autre part, lorsqu'il y avait plusieurs *adpromissores*, il était loisible au créancier de demander la totalité de la dette à un seul d'entre eux, et celui-là, quand il avait payé, n'avait contre les autres aucun recours. (Inst., *De fidej.*, § IV, 3, 20 ; — l. 39, *De fidej.*, D., 46, 1.) Pour recourir contre eux, en effet, il aurait fallu qu'il exerçât une action de mandat ou de gestion d'affaires, et aucune de ces actions ne lui était donnée, ainsi que nous l'avons observé en parlant de la loi Apuleia. A une époque reculée, cette loi et la loi Furia étaient, il est vrai, venues au secours des *sponsores* et des *fidepromissores* : la première en divisant de plein droit l'obligation entre tous ceux qui survivaient à l'époque de l'exigibilité ; la seconde, en les regardant comme associés et en permettant à celui d'entre eux qui aurait payé plus que sa part de recourir contre les autres par l'action *pro socio*. Mais ces deux bénéfices ne pouvaient être invoqués que par les *sponsores* et les *fidepromissores* seuls, et l'intervention de ces cautions devenait toujours plus rare. Pour les fidéjusseurs, nous ne trouvons rien de semblable : le créancier avait le droit de poursuivre chacun d'eux pour le tout, sans que celui qui avait payé eût aucun recours contre les autres. Il est vrai que, depuis Adrien, ce fidéjusseur aurait pu invoquer le bénéfice de division dont nous parlerons au chapitre suivant ; mais s'il ne l'avait pas invoqué avant le paiement ou avant la *litis contestatio*, la perte résultant de l'insolvabilité du débiteur retombait sur lui seul. (Inst., *De fidej.*, § IV, *in fine*, 3, 20.)

C'est à cette situation fâcheuse des *adpromissores* et surtout des fidéjusseurs que la jurisprudence voulut remédier en établissant à leur profit le bénéfice de cession d'actions. Au moyen de ce bénéfice, l'*adpromissor*, prêt à désintéresser le créancier, peut forcer ce dernier à lui céder toutes ses actions tant contre le débiteur principal que contre les obligés accessoires. « Fidejussoribus succurri solet, ut stipulator compellatur ei qui solidum solvere paratus est, vendere cæterorum nomina. » (L. 17, *De fidej.*, D., 46, 1.) Le fidéjusseur est censé avoir acheté la créance avec tous ses accessoires et avantages, et il se trouve ainsi investi du droit de faire valoir, comme l'aurait fait le créancier lui-même, les hypothèques sur les biens du débiteur et les actions contre ses coobligés. (L. 21, C., *De fidej.*, 8, 41.)

La jurisprudence, en instituant ce bénéfice, avait été guidée par un motif d'équité : son but était d'assurer au fidéjusseur son recours contre le débiteur principal et de lui donner contre ses cofidéjusseurs une action dont il était privé. Elle était d'ailleurs partie de cette idée que le créancier commettait un dol en refusant de céder ses actions au fidéjusseur. Pour le créancier, en effet, qui ne peut être forcé à la faire que si on le désintéresse, cette cession n'offre aucun inconvénient, tandis que pour l'*adpromissor* elle a une utilité considérable en lui permettant d'exercer les droits du cédant lui-même et de profiter des gages, hypothèques, priviléges, en un mot de toutes les sûretés qui garantissent au créancier son paiement. (L. 2, C., *De fidej.*, 8, 41.)

Cependant la loi 2, C., qui est un rescrit des empereurs Sévère et Antonin, apporte une restriction à l'obligation pour le créancier de céder au fidéjusseur son droit aux gages. Cette restriction est fondée sur la considération même qui a fait établir le bénéfice dont nous nous occupons, c'est-à-dire qu'il profite au fidéjusseur sans nuire au créancier. Voici en quoi consiste cette exception : le créancier doit bien céder au fidéjusseur les gages et les hypothèques qu'il a reçus pour la dette que lui paie ce fidéjusseur quand il les a reçus uniquement pour cette dette, alors il n'éprouve aucun préjudice ; si, au contraire, il a reçu les gages, non-seulement pour la dette garantie par la fidéjussion, mais encore pour d'autres dettes, la cession lui ferait perdre la garantie que lui procure le gage pour ses autres créances ; il est dispensé de la faire tant qu'il n'est pas complétement désintéressé.

Une question se pose à propos des gages et des hypothèques : la cession des actions comprend-elle l'action hypothécaire du créancier lorsque la chose hypothéquée n'est plus entre les mains du débiteur, mais entre celles d'un tiers détenteur ? La question, chez nous, est controversée, mais en droit romain aucun doute ne s'élève sur ce point : le fidéjusseur peut se faire céder l'action hypothécaire du créancier, de manière à poursuivre même un tiers détenteur. (L. 14, C., *De fidej.*, 8, 41.)

Le fidéjusseur cessionnaire exerce les actions du créancier contre le débiteur ; mais comment les choses se passeront-elles si, au lieu d'un débiteur unique, le créancier avait *duo rei promittendi*, Primus et Secundus, et un fidéjusseur Tertius ? ce fidéjusseur, qui s'est fait céder les droits du créancier, pourra-t-il agir *in solidum* contre celui des *rei* qu'il voudra ?

Une distinction est ici nécessaire : Tertius a-t-il cau-

tionné les deux *rei*, il peut, à son gré, demander la totalité
à l'un ou à l'autre, et cela qu'il agisse par l'action *mandati,*
par l'action *negotiorum gestorum* qu'il a de son chef, ou
comme cessionnaire du créancier. Cette solution ne peut
faire aucune difficulté, car que le fidéjusseur s'adresse à
Primus ou à Secundus, il ne lui doit aucune garantie.

Que si Tertius n'a cautionné que Primus, l'un des *rei*,
il pourra recourir contre lui in *solidum ;* ici encore pas de
doute ; mais en supposant que Primus soit insolvable et
que Secundus au contraire offre des chances de remboursement, que pourra demander Tertius à ce dernier en
vertu de la cession ? Il ne pourra évidemment pas lui
demander la totalité de la dette, car une moitié de cette
dette devrait rester à la charge de ce fidéjusseur de
Primus, plutôt qu'à la charge de Secundus. Les jurisconsultes romains avaient, en effet, donné aux *correi promit-*
tendi le bénéfice de cession d'actions (loi 65, *De evictio-*
nibus, D., 21, 2), afin que le fardeau de la dette fût
équitablement réparti entre eux. Si donc le créancier
s'était d'abord adressé à Secundus, celui-ci aurait pu lui
demander la cession de ses actions contre Primus et le
fidéjusseur de ce dernier, pour répéter la moitié de ce
qu'il aurait payé. Comment dès lors ce fidéjusseur, s'il a
payé, pourrait-il redemander cette moitié à Secundus ?
Quant à l'autre moitié, il pourra certainement la répéter,
car le fidéjusseur de Primus doit être traité aussi bien que
le débiteur qu'il a cautionné, et Primus, s'il payait, aurait
recours contre Secundus pour la moitié. Du reste, sur ce
point les textes font complétement défaut.

Nous n'avons jusqu'ici considéré les effets de notre bénéfice que vis-à-vis du débiteur ; son utilité devient bien plus considérable encore lorsque, au lieu d'un seul, nous nous trouvons en présence de plusieurs cofidéjusseurs. Avant son établissement, nous l'avons vu, le fidéjusseur qui avait payé, n'avait aucune action en recours contre ses cofidéjusseurs. La cession lui assure ce recours. (L. 17, *De fidej.*, D., 46, 1 ; — l. 30, *De fidej.*, 46, 1.)

Mais le fidéjusseur qui a ainsi obtenu la cession des actions ne peut pas, comme aurait pu le faire le créancier, agir *in solidum* contre ses cofidéjusseurs ; non-seulement il déduira sa part, mais il ne pourra poursuivre chacun que pour la portion qu'il doit supporter définitivement dans la dette. Le but que s'est, en effet, proposé la jurisprudence en établissant notre bénéfice a été surtout d'empêcher que la totalité de la dette ne demeurât à la charge de l'un des fidéjusseurs ; il ne faut donc pas que la cession des actions fasse retomber cette dette tout entière sur un autre. Ce qu'on a voulu, ç'a été de donner un recours au fidéjusseur ; l'équité exige que ce recours se divise entre tous les cofidéjusseurs, comme se serait divisée l'action du créancier si le fidéjusseur poursuivi avait invoqué le bénéfice de division ; et de même que, lorsqu'il s'agit du bénéfice de division, on ne tient compte que des cofidéjusseurs solvables au moment où ce bénéfice est accordé, de même ici on ne tient compte que des cofidéjusseurs solvables au moment où l'action cédée est intentée. A défaut de textes positifs sur ce

point, on peut tirer argument de la loi 5, pr., *De censi-*
bus, D., 50, 15, qui prévoit une hypothèse analogue. Plusieurs propriétaires sont débiteurs d'impôts ; le fisc, dans
un intérêt de célérité, poursuit un seul d'entre eux ; celui-
là paie le tout et obtient du fisc la cession de ses actions
contre les autres. Papinien dit que ce propriétaire aura
contre les autres, dont les fonds sont tenus également,
un recours *scilicet ut omnes pro modo prædiorum pecu-*
niam tributi conferant. On peut encore argumenter de la
loi 10, pr., *De fidej.*, D., 46, 1. Lorsqu'il y a plusieurs
fidéjusseurs et que l'un d'eux est poursuivi *in solidum*
par le créancier, il peut invoquer le bénéfice de division
et exiger que le créancier divise son action entre tous les
cofidéjusseurs solvables ; or, lorsque le fidéjusseur qui a
payé la totalité de la dette s'est fait céder les actions du
créancier, il prend ses actions avec leurs prérogatives,
mais aussi avec leurs charges ; il pourrait donc se voir
opposer la division par les autres. Du reste, cette division de l'action en recours entre cofidéjusseurs est une
idée juste qui a passé dans notre Droit.

Nous devons, avant d'aller plus loin, répondre à une
objection qui se présente naturellement à l'esprit dès
qu'on étudie le bénéfice de cession d'actions. Le créancier ne cède ses actions que si on le désintéresse intégralement (*ei qui solidum solvere paratus est,* disent les textes) ;
or, le paiement étant une cause radicale d'extinction des
obligations, fait disparaître complétement les droits du
créancier ; comment dès lors peut-il être question d'une
cession ? Les jurisconsultes romains, pour échapper à cette

objection dont la force les avait frappés, eurent recours à
une fiction. Ils changèrent la cause du paiement fait par
le fidéjusseur : pour eux ce n'était pas le paiement de la
créance, c'était le paiement du prix de la vente que le
créancier faisait au fidéjusseur de ses actions avec leurs
accessoires. Cette vente investissait le fidéjusseur cessionnaire des droits du créancier, tant contre le débiteur que
contre les autres fidéjusseurs. Grâce à cette fiction, le
paiement n'éteignait pas la créance; les parties n'avaient
pas voulu l'éteindre, car c'était là ce que l'une achetait, ce
que l'autre vendait. Cette objection et la réponse se trouvent dans la loi 36, *De fidej.*, D., 46, 1; et dans la loi 17,
au même titre, que nous avons citée plus haut, nous rencontrons l'expression *vendere cœterum nomina*. On peut
ajouter dans le même ordre d'idées plusieurs autres textes,
notamment les lois 21, *De tut. et rat.*, D., 27, 3 ; — 5,
De censibus, D., 50, 15 ; —76, *De solut.*, D., 46, 3.

Mais ici se présente une autre difficulté : c'est qu'en
droit romain une créance ne peut pas être cédée, car celui qui s'est obligé envers une personne ne peut pas sans
sa volonté, par le fait d'autrui, peut-être même à son
insu, devenir le débiteur d'une autre personne envers qui
il n'a contracté aucun engagement ; comment s'opérera
donc la transmission des actions du créancier ?

Les jurisconsultes romains, ici encore, avaient tranché
la difficulté au moyen d'une fiction : ils avaient eu recours au procédé qu'ils employaient ordinairement pour
faire passer une créance d'une tête sur une autre. On
pouvait exercer ses actions par procureur; ils avaient tiré

parti de ce principe : le créancier donnait au fidéjusseur qui le payait mandat d'exercer ses actions ; mais c'était un mandat dont il ne rendait pas compte : il était *procurator in rem suam*. En vertu de ce mandat, le fidéjusseur pouvait intenter les actions du créancier, tant contre le *reus* que contre les obligés accessoires ; il obtenait une condamnation et en conservait les avantages. Cette manière d'opérer la cession est indiquée par un très-grand nombre de textes ; dans presque toutes les lois qui se rapportent à notre matière, nous trouvons les mots : *mandare actiones*.

Nous connaissons les effets de la cession des actions, son caractère et la manière dont elle s'opérait ; nous avons vu aussi que le fidéjusseur ne pouvait invoquer ce bénéfice que s'il était prêt à désintéresser complétement le créancier. Il importe d'ajouter que la cession d'actions, à la différence de la subrogation légale du droit français, n'avait pas lieu de plein droit : elle devait être demandée (loi 39 ; D., *De fidej.*, 46, 1) ; mais à quel moment fallait-il l'invoquer ?

Il faut, pour répondre à cette question, distinguer suivant que le fidéjusseur paie volontairement le créancier, ou, au contraire, se laisse poursuivre en justice. Examinons rapidement ces deux hypothèses.

Le fidéjusseur paie volontairement. Il dit au créancier : « Il vous est dû une somme de 100 ; cette somme, je vous l'apporte, mais ce n'est pas pour éteindre votre créance, c'est comme prix de la vente que vous me faites de vos actions contre le débiteur et les autres obligés ;

cette opération, qui est pour vous sans inconvénient, a pour moi la plus grande utilité. » Le créancier devait se prêter à cet arrangement équitable; mais il fallait que la cession des actions fût réclamée et faite avant le paiement; car la dette une fois payée, les droits du créancier auraient été éteints et, partant, il n'y aurait plus eu de cession possible. (Loi 11, C., *De fidej.*, 8, 41; — loi 39, *De fidej.*, D., 46, 1; — Inst., *De fidej.*, § 4, *in fine*, 3, 20.)

Si le fidéjusseur est poursuivi en justice, il doit demander la cession avant de laisser délivrer contre lui la formule d'action; car, dès qu'il y a eu *litis contestatio* contre l'un des fidéjusseurs, le débiteur et les autres fidéjusseurs sont libérés vis-à-vis du créancier; si donc la cession n'avait pas eu lieu avant la *litis contestatio*, le créancier n'aurait plus rien eu à céder, ses droits auraient été éteints comme s'il y avait eu paiement. Cette nécessité de demander la cession avant la *litis contestatio* n'existe plus sous Justinien. Il décida, en effet, dans la loi 28, C., *De fidej.*, qu'à l'imitation de ce qui se passait pour les *mandatores pecuniæ credendæ*, la poursuite dirigée contre le fidéjusseur ne libérait plus le *reus* et les autres fidéjusseurs, et, réciproquement, que la poursuite dirigée contre le *reus* ne libérerait plus les fidéjusseurs. Cela étant, il faudra appliquer ici les règles que nous étudierons plus loin à propos des *mandatores pecuniæ credendæ*, et dire que, sous Justinien, le fidéjusseur peut demander la cession des actions même après avoir été poursuivi et condamné.

La cession des actions, nous l'avons vu, s'opère au moyen d'un mandat que le créancier donne au fidéjusseur ; mais le mandat étant un contrat, exige le consentement du mandant. Va-t-il dépendre du créancier de refuser ce consentement et de priver ainsi le fidéjusseur du bénéfice de cession d'actions ? Non ; la loi 17, *De fidej.*, dit formellement le contraire : « Fidejussoribus succurri solet, ut stipulator *compellatur* ei qui solidum solvere paratus est vendere cæterorum nomina. » (Loi 2, C., *De fidej.*, 8, 41 ; — loi 21, C., *De fidej*., 9, 41.)

Mais de quel moyen se servait-on pour vaincre la résistance du créancier qui se refusait à faire la cession ? Papinien l'indique dans la loi 65, *De evictionibus*, D., 21, 2 : c'était l'exception de dol. On partait de cette idée que le créancier, du moment qu'il recevait ce qui lui était dû, n'avait aucun intérêt à le recevoir à un titre plutôt qu'à un autre, et on considérait qu'il y avait mauvaise foi de sa part à ne pas vouloir regarder l'opération comme une vente de sa créance.

C'est donc au moyen de l'exception de dol que le fidéjusseur obtenait du créancier la cession de ses actions. Cependant on peut se faire une objection. Le Préteur ne met l'exception dans la formule que lorsqu'il y a un fait que le juge doit vérifier ; or, lorsque les parties sont devant le juge, il y a eu *litis contestatio,* le créancier n'a plus de droits ; comment peut-on dès lors parler de cession ?

Les choses se passaient probablement de la manière suivante. Deux hypothèses pouvaient se présenter : ou bien le dol du créancier était manifeste, ou bien la constatation de ce dol exigeait un certain examen. Le créancier commet, nous le supposons, un dol manifeste; il avoue, par exemple, qu'il a des actions et ne veut pas les céder. Dans ce cas, le Préteur, suffisamment édifié sur sa mauvaise foi, refuse de lui délivrer une formule et le punit ainsi de son dol par l'impossibilité d'obtenir une condamnation. Si, au contraire, le dol du créancier n'est pas évident, si les faits qui le constituent demandent une vérification plus ou moins longue, le Préteur délivrera la formule, mais en y ajoutant l'exception de dol; alors, si le juge reconnaît qu'il y a eu effectivement mauvaise foi de la part du créancier, il prononcera l'absolution du défendeur; si l'exception de dol n'est pas fondée, il le condamnera. On voit donc en quel sens on peut dire que le fidéjusseur invoquait son bénéfice *per doli exceptionem :* le créancier qui avait des actions les cédait pour éviter de voir son action *ex stipulatu* contre le fidéjusseur, repoussée par l'exception de dol.

Le créancier, du reste, n'était tenu de céder ses actions que telles qu'il les avait au moment où il en était requis ; il n'était pas obligé de les conserver en vue de la cession qui pouvait lui en être demandée ; c'est ce que décide la loi 15, § 1, *De fidej.*, D., 46, 1. Voici l'espèce que fait cette loi. Un créancier d'une somme de 20 a reçu deux fidéjusseurs, Primus et Secundus ; Primus vient le trouver, et, en lui donnant ou en lui promettant 5, obtient de lui un pacte *de non petendo ;* l'autre fidéjusseur, Secundus, n'est pas libéré, et lorsqu'il sera poursuivi en paiement des 15 qui restent dus, il ne pourra pas opposer l'exception de dol. La raison de cette décision est bien simple. La fidéjussion est un contrat unilatéral ; le fidéjusseur se lie envers le créancier, mais celui-ci ne contracte aucune obligation de conserver ses actions pour les céder lors du paiement ; il a donc pu, sans violer ses engagements, faire un pacte *de non petendo* avec l'un des fidéjusseurs ; il aurait pu de même renoncer à ses gages, à ses hypothèques, et, dans aucun de ces cas, l'exception de dol ne pourrait être invoquée contre lui.

Il résulte de là que le créancier pouvait priver le fidéjusseur du bénéfice de la cession d'actions. Cependant il ne faut pas qu'en procédant ainsi il agisse de mauvaise foi, et cette observation va nous fournir des exemples de cas où l'exception de dol sera insérée dans la formule délivrée au créancier. Le fidéjusseur est actionné par le créancier, il lui demande la cession de ses actions ; le créancier prétend avoir fait un pacte *de non petendo*, avoir renoncé à ses sûretés ; le défendeur fait insérer dans la formule l'exception de dol, et alors le juge a la plus grande latitude d'appréciation ; il examinera si ce pacte *de non petendo*, ces renonciations aux gages, aux hypothèques, ne constituent pas un dol de la part du créancier. S'il reconnaît que celui-ci, en se dépouillant de ses actions, n'a eu d'autre intention que de nuire au fidéjusseur, il absoudra ce dernier. Il y aurait certainement dol si le fidéjusseur Primus, venant trouver le créancier et lui offrant de le payer moyennant cession de ses actions, celui-ci refusait la cession, s'empressait de faire un pacte *de non petendo* avec les cofidéjusseurs de Primus, de renoncer à ses gages, à ses hypothèques, et revenait immédiatement après poursuivre Primus. Dans ce cas, l'exception de dol serait pleinement justifiée et il n'y aurait point de condamnation prononcée contre le fidéjusseur défendeur.

Ainsi que nous l'avons dit, la cession des actions devait être invoquée avant le paiement, avant la *litis contestatio ;* mais dans le cas où le fidéjusseur ne s'en est pas prévalu, dans le cas où il a payé ou s'est laissé poursuivre, aura-t-il du moins une action utile ? Non ; les principes et les textes s'y opposent : les principes, car le fidéjusseur est tenu d'une action *ex stipulatu,* et tout, en cette matière, est de droit strict ; on ne tient pas compte de l'équité ; les textes, la loi 39, *De fidej.,* D., porte, en effet, que le fidéjusseur, forcé de payer la totalité, aurait pu exiger du créancier la cession de ses actions contre les autres, mais que s'il avait omis de le faire, la cession ne serait pas présumée. (Loi 11, C., *De fidej.* ; — Inst., *de fidej.*, § 4, in fine.)

SECTION II. — DU BÉNÉFICE DE CESSION D'ACTIONS ACCORDÉ AUX *MANDATORES PECUNIÆ CREDENDÆ.*

La jurisprudence, qui avait accordé le bénéfice de cession d'actions aux *adpromissores,* l'avait, en se fondant sur les mêmes motifs, accordé aux *mandatores pecuniæ credendæ.* (Loi 13, *De fidej.,* D. ; — loi 41, § 1, *De fidej.,* D.) Le *mandator* qui avait payé, n'avait pour se faire rembourser par le débiteur, qu'une action de mandat ou de gestion d'affaires dépourvue de garanties accessoires ; la cession des actions assure le recours de ce *mandator*, elle lui permet d'exercer contre le débiteur toutes les actions du créancier avec les sûretés accessoires qui peuvent y être attachées. D'autre part, s'il y avait plusieurs *mandatores*, celui d'entre eux qui payait toute la dette ne pouvait pas agir contre les autres pour leur faire supporter leur part dans la somme par lui payée ; la cession lui donne une action contre eux.

Le moyen d'opérer la cession est ici encore une *procuratio in rem suam*.

A ces différents points de vue les effets de la cession des actions sont les mêmes pour les *mandatores pecuniæ credendæ* que pour les fidéjusseurs. Tout ce que nous avons dit plus haut s'applique donc ici.

Mais, à d'autres égards, les règles de la cession des actions différaient suivant qu'elle était accordée à des fidéjusseurs ou à des *mandatores*. Nous allons examiner ce qu'elles avaient de particulier en ce qui concernait ces derniers.

Et d'abord, quant au moment où la cession d'actions devait être demandée, la situation de ces deux classes d'obligés cessait d'être la même. Les fidéjusseurs devaient la demander avant la *litis contestatio* ou avant le paiement. Pour les *mandatores*, la règle n'était pas la même ; mais, à leur égard, il faut distinguer suivant que la cession a pour objet les actions du créancier contre le débiteur ou contre les comandants. Ce sont là deux hypothèses qu'il faut étudier séparément.

1° *Cession contre le débiteur.* — Le *mandator* peut la

réclamer après avoir été poursuivi. (Loi 13, *De fidej.*, D., 46, 1.) La loi 95, § 10, *De solutionibus,* D., 46, 3, va plus loin encore ; elle décide que même après le paiement fait par le *mandator,* le débiteur n'est pas libéré. Voici ce que suppose cette loi. Je vous donne mandat de prêter à Titius ; vous faites ce prêt, vous n'êtes pas remboursé à l'échéance, et vous vous retournez contre moi par l'action *mandati contraria* pour vous faire indemniser du préjudice que vous a causé l'exécution du mandat ; je me laisse poursuivre et condamner, je paie ; le débiteur Titius est-il libéré ? On pourrait le croire, car la poursuite dirigée contre un fidéjusseur, le paiement fait par un fidéjusseur aurait libéré le débiteur ; et cependant Papinien nous dit qu'il n'en est pas ainsi, et que le *mandator* peut, après la *litis contestatio,* après le paiement, se faire céder les actions du créancier contre le *reus.* Pour expliquer comment le paiement fait par le *mandator* ne libère pas le débiteur, et comment la cession peut intervenir postérieurement, Pothier suppose que le créancier a vendu ses actions au *mandator* qui le payait, c'est-à-dire qu'il reproduit le raisonnement que faisait Paul dans la loi 36, *De fidej.,* D., à propos des fidéjusseurs.

Voici comment s'exprime Pothier : « Atqui tamen debitor idem debet quod mandator ; non potest autem creditor bis idem exigere ; verum ideo non liberatur debitor quia tenetur creditor cedere suas actiones mandatori adversùs illum. » (Pand., *De solut.,* n° 87.) Cette supposition, indispensable pour expliquer comment le paiement fait par le fidéjusseur n'éteignait pas l'obligation unique qui existait à la charge de ce fidéjusseur et du *reus*, et comment, après ce paiement, il pouvait encore être question de cession, n'est pas nécessaire pour expliquer comment le paiement fait par le *mandator* laisse subsister l'obligation du débiteur. Cela résulte de la nature même des choses. Quand il y a une dette garantie par un *mandator pecuniæ credendæ*, il y a deux obligations fondées sur des causes distinctes : l'une du *mandator* envers le créancier, elle résulte du mandat de prêter donné à ce dernier et fait naître à son profit contre le *mandator* l'action *mandati contraria ;* l'autre de l'emprunteur envers le créancier, elle résulte du *mutuum* et donne naissance contre le débiteur à la *condictio certi*. Ces deux obligations ont une existence parfaitement indépendante, l'une peut très-bien subsister quand l'autre est éteinte. Cela étant, lorsqu'il y a eu poursuite dirigée contre le *mandator*, l'action du créancier contre lui a bien été déduite *in judicium*, mais cela n'affecte en rien l'action du créancier contre le débiteur; de même le paiement fait par le *mandator* éteint bien son obligation, mais laisse subsister celle du débiteur principal. (Loi 28, *Mandati*, D., 17, 1.) Malgré le paiement fait par le *mandator*, le créancier a donc conservé son action contre l'emprunteur, mais cette action qu'en fera-t-il ? L'intentera-t-il lui-même ? Non ; il ne faut pas qu'après avoir reçu ce qui lui était dû comme indemnité du préjudice que lui a causé le mandat, il puisse recevoir une seconde fois le paiement de la même somme à un autre titre, et, s'il agissait contre le débiteur, il serait repoussé par l'exception *doli mali ;* ses actions ne lui seront donc plus d'aucune utilité, il les cédera au mandant, et comme celui-ci, en les exerçant, n'agira pas de mauvaise foi, il n'aura pas à craindre d'être repoussé par l'exception de dol.

Dans cette hypothèse, si le créancier refusait de céder ses actions au *mandator*, il manquait aux obligations qu'il avait contractées en acceptant le mandat de prêter, et le *mandator* avait, pour le contraindre à faire la cession, l'action *mandati directa* contre lui.

2° *Cession des actions contre les comandants.* — Jusqu'à quelle époque cette cession pourra-t-elle être demandée ? Supposons l'un des *mandatores* poursuivi par le créancier. En principe, lorsque plusieurs personnes sont tenues d'une action *in factum* ou d'une action de bonne foi, à la différence de ce qui a lieu quand elles sont tenues d'une *condictio*, la poursuite dirigée contre l'une d'elles ne libère pas les autres ; le paiement seul opère la libération de tous les obligés. Une application de cette règle au cas qui nous occupe est faite dans la loi 52, § 3, *De fidej.*, D., 46, 1, texte d'Ulpien qui dit que si l'un des *mandatores* a été non pas seulement poursuivi mais absous, les autres restent tenus : « *Plures ejusdem pecuniæ credendæ mandatores, si unus judicio eligatur, absolutione quoque secutâ non liberantur, sed omnes liberantur pecuniâ solutâ.* » Le créancier qui poursuit l'un des *mandatores* conserve donc ses actions contre les autres, et partant peut les céder. Aussi Modestin, dans la loi 41, § 1, *De fidej.*, D., dit-il que le comandant qui a été poursuivi et condamné peut encore réclamer la cession. Le *mandator* actionné pourra donc demander, la cession tant qu'il sera *in jure*, et, si le créancier ne veut pas y consentir, le Préteur pourra refuser de lui délivrer la formule d'action. Le *mandator* pourra encore *in judicio* demander la cession, et, comme dans les actions de bonne foi l'exception de dol est sous-entendue, le juge, en vertu du pouvoir d'appréciation que lui aurait conféré l'insertion de cette exception dans la formule, pourra ne pas condamner le *mandator* si le créancier refuse la cession. Enfin, lorsque la condamnation aura été prononcée, le *mandator* sera encore en temps opportun pour obtenir la cession. Il parviendra à ce résultat en n'exécutant pas la sentence : il attendra que le créancier le poursuive par l'action *judicati*, et c'est alors qu'il réclamera la cession au moyen d'une exception.

Supposons maintenant que l'un des *mandatores* ait payé la totalité; pourra-t-il demander au créancier la cession de ses actions contre les autres ? Une distinction devient ici nécessaire.

Le *mandator* a-t-il payé purement et simplement, sans aucune réserve, ses coobligés sont libérés; car, ainsi que le dit la loi 52, *omnes liberantur pecuniá solutá.* Tous les droits du créancier se trouvent éteints, partant plus de cession possible.

Que si le *mandator* en payant est convenu, au contraire, avec le créancier que celui-ci lui céderait ses actions, les comandants n'étant pas libérés, il pourra après le paiement se faire faire la cession. La somme qu'il a versée se décompose en deux parties: l'une est le paiement qu'il fait de sa part dans la dette; l'autre est le prix de la vente que

lui consent le créancier de ses actions contre les autres
mandatores.

Ces décisions ne se trouvent dans aucun texte relativement aux *mandatores pecuniæ credendæ*, mais elles sont
conformes aux principes et consacrées à propos des cotuteurs, par la loi 76, *De solutionibus*, D., 46, 3, qui porte :
« Modestinus respondit, si post solutum sine ullo pacto
omne, quod ex causâ tutelæ debeatur, actiones post
aliquod intervallum cessæ sint, nihil eâ cessione actum,
quum nulla actio superfuerit; quod si ante solutionem hoc
factum est, vel cum convenisset ut mandarentur actiones,
tunc solutio facta esset, mandatum subsecutum est, salvas
esse mandatas actiones, quum novissimo quoque casu
pretium magis mandatarum actionum solutum, quam actio
quæ fuit perempta videatur. »

Trois propositions ressortent clairement de ce texte : 1° la
cession faite après que le cotuteur a payé *sine ullo pacto*
est nulle et de nul effet; 2° le cotuteur peut agir comme
cessionnaire du créancier quand la cession a eu lieu avant
le paiement; 3° le cotuteur peut obtenir la cession, même
après le paiement, lorsqu'il a payé sous cette réserve que
les actions lui seraient cédées. Ces trois propositons sont
évidemment applicables aux *mandatores pecuniæ credendæ*,
que les lois assimilent fréquemment aux cotuteurs. Les
mêmes motifs, du reste, existent pour les uns et les autres.

Bien qu'à la lecture du texte, cette interprétation de la
loi 76, *De solut.*, soit celle qui se présente naturellement
à l'esprit, Dumoulin l'explique d'une façon différente. Son
but est d'établir que les débiteurs solidaires sont de plein

droit subrogés dans les actions du créancier ; mais la loi 76
étant contraire à cette théorie, il prétend que Modestin,
dans l'espèce précitée, suppose un paiement fait, non par
le cotuteur, mais par un tiers. Rien dans le texte ne
justifie cette supposition. Lorsqu'on dit en termes généraux qu'une dette solidaire est payée, il n'est point vraisemblable que ce soit par un tiers. Du reste s'il fallait un
argument invincible pour lever tous les doutes, nous le
trouverions dans la loi 1, C., *De contr. jud. tut.* 5, 58, qui
vient également contredire l'opinion de Dumoulin. Voici
cette loi : « Si pro judicato cotutore solvisti, nullum
judicium tibi contra pupillum competit, ut delegetur tibi
adversus liberatum actio. Quod si nomen emisti, in rem
tuam procurator datus heredes judicati poteris convenire. »
Ce texte suppose que le paiement est fait par l'un des
cotuteurs, et les empereurs Sévère et Antonin disent que
ce tuteur qui a payé ne peut pas se faire céder les actions
du pupille contre son cotuteur. Dumoulin, cependant,
persiste dans sa théorie ; il prétend que les empereurs
s'occupent ici, non pas de l'action *tutelæ directa,* mais de
l'action *judicati,* dont le cotuteur qui paie n'a jamais été
tenu solidairement, et pour laquelle il est par conséquent
un tiers. On peut répondre à Dumoulin que si le cotuteur
était de plein droit investi de l'action *tutelæ directa,* il ne
s'adresserait pas aux empereurs pour savoir s'il peut se
faire céder l'action *judicati,* et les empereurs Sévère et
Antonin n'emploieraient pas ces termes généraux : *Nullum
judicium contra pupillum competit, ut delegetur tibi
adversus liberatum actio.*

Les textes que nous venons d'examiner ne supposent pas qu'une poursuite judiciaire ait été dirigée contre le cotuteur qui a payé. La loi 1, C., suppose que l'un des tuteurs a été poursuivi, et que l'autre a payé; la loi 76, D., ne fait aucune allusion à des poursuites qui auraient eu lieu contre celui qui a payé. Supposons que le tuteur ait été poursuivi *in solidum* et condamné; il n'invoque pas le bénéfice *cedendarum actionum* et paie; sera-t-il privé de toute action pour faire supporter à ses cotuteurs leur part dans la dette? Non; les jurisconsultes et les empereurs étaient venus à son secours et lui avaient donné une action *utile*; c'est ce que nous voyons dans la loi 1, § 13, *De tut. et ration.*, D., 27, 3 : « Et si forte quis ex facto alterius tutoris condemnatus præstiterit, vel ex communi gestu, nec ei mandatæ sunt actiones, constitutum est a divo Pio, et ab Imperatore nostro, et divo patre ejus, utilem actionem tutori adversus cotutorem dandam. » La même décision est donnée par Antonin Caracalla dans une hypothèse analogue. (L. 2, C., *De contr. jud. tut.*, 5, 58.) Cette action utile est l'action *utilis tutelæ directa*, qui, en vertu d'une cession sous-entendue, est passée sur la tête du tuteur poursuivi, qui a payé sans se faire céder cette action. Cette décision devrait être appliquée aussi bien au comandant qu'au cotuteur.

La distinction entre le cas où le débiteur solidaire a payé sur les poursuites du créancier et celui où il a payé volontairement, se comprend aisément. Lorsqu'il a été poursuivi, s'il avait songé à demander la cession, il aurait fallu que le créancier l'accordât sous peine de ne pas obtenir du Préteur la formule d'action, ou du juge la condamnation ; il ne faut pas qu'un simple oubli lui devienne trop préjudiciable, d'autant plus que cette concession au débiteur solidaire de l'action utile ne nuit en rien au créancier. Mais, lorsqu'il a payé volontairement, il a dû se rendre compte du résultat qu'il voulait atteindre. S'il s'est présenté comme voulant éteindre la créance et non comme voulant l'acheter, tant pis pour lui ; après le paiement, il ne peut plus obtenir de cession ni se faire donner une action utile.

Il existe une dernière différence entre les fidéjusseurs et les *mandatores pecuniæ credendæ,* qu'il importe de signaler. Le fidéjusseur, on s'en souvient, ne peut se faire céder les actions que telles qu'elles existent entre les mains du créancier à l'époque où il demande la cession ; le créancier n'est pas tenu de les conserver pour les lui céder : car, dans le contrat de fidéjussion, le fidéjusseur seul s'oblige, mais le créancier ne contracte aucune obligation. (Loi 15, § 1, *De fidej.,* D., 46, 1.) Il n'en est pas de même en ce qui concerne les *mandatores ;* si le créancier s'est mis dans l'impossibilité de céder ses actions, le *mandator* peut lui refuser le paiement. C'est ce que nous dit la loi 95, § 11, *De solut.,* D., 46, 3.

L'espèce de cette loi est la suivante : Primus à donné mandat à Secundus de prêter à Tertius une somme de 20 ; Secundus n'est pas payé à l'échéance, il intente contre Tertius la *condictio certi ;* mais au lieu de lui demander 20, il lui demande 25, et est repoussé par la plus-pétition ; alors il revient contre le *mandator* Secundus et lui demande de l'indemniser; Secundus peut le repousser. Quelle est la raison de cette différence de position entre le fidéjusseur et le *mandator?*

Cujas et Pothier, pour sauver la contradiction qui leur paraissait exister entre les lois 95, § 11, *De solut.*, et 15, § 1, *De fidej.*, disaient que, dans l'espèce prévue par la première, on peut reprocher au créancier d'avoir perdu son action par sa faute, et que les conséquences de cette faute ne devaient pas retomber sur le *mandator,* tandis que, dans l'hypothèse de la seconde loi, il n'y a rien à reprocher au créancier, il a fait une libéralité, c'est-à-dire un acte louable. On ne peut pas le blâmer d'avoir fait un pacte de remise avec l'un des fidéjusseurs et de n'en avoir pas fait avec l'autre, et d'avoir eu plus d'affection pour l'un que pour l'autre.

Il est facile de répondre à cette argumentation. Sans doute, celui qui fait une libéralité ne fait pas un acte blâmable, mais c'est à condition qu'il la fasse à ses dépens et non aux dépens d'autrui, comme dans l'espèce.

La véritable raison de cette différence se trouve dans les caractères respectifs de la fidéjussion et du mandat. La fidéjussion ne produit d'obligations que d'un côté, le créancier ne se lie pas envers le fidéjusseur; ce dernier seul contracte une obligation par la stipulation. Le *manda-tum pecuniæ credendæ,* au contraire, établit entre le créancier prêteur et le *mandator* des obligations réciproques, parmi lesquelles se trouve à la charge du prêteur celle de conserver les actions qu'il doit céder au *mandator* pour lui assurer le moyen de rentrer dans ses déboursés.

C'est cette différence entre les rapports du *mandator pecu-niæ credendæ* et ceux du fidéjusseur avec le créancier, qui explique comment, malgré leur antinomie apparente, les lois 95, § 11, et 15, § 1, ne sont pas en désaccord.

SECTION III. — BÉNÉFICE DE CESSION D'ACTIONS ACCORDÉ A CEUX QUI FONT LE PACTE DE CONSTITUT.

Aucun texte ne parle de la cession d'actions accordée à ceux qui font le pacte de constitut. Nous nous bornerons donc à observer que ce bénéfice avait dû être établi à leur profit, puisqu'il avait été accordé même aux *duo rei pro-mittendi*.

CHAPITRE IV

Bénéfice de division

Le bénéfice de division appartient aux *adpromissores,* aux *mandatores pecuniæ credendæ* et aux constituants. Nous examinerons ce qu'il avait de spécial relativement à chacune de ces classes de cautions.

Section Ire. — Bénéfice de division accordé aux *adpromissores*

Lorsque plusieurs *adpromissores* avaient garanti une obligation, ils étaient en principe tenus chacun *in solidum,* et cela résultait de ce que chacun d'eux, interrogé par le créancier, avait promis la même chose que le débiteur principal; le montant des obligations accessoires se mesurait alors naturellement sur le montant de l'obligation cautionnée. La loi Furia était venue tempérer la rigueur de ces principes en ce qui concerne les *sponsores* et les *fidepromissores,* et décider qu'à l'avenir la dette se diviserait de plein droit entre eux et que chacun ne serait tenu que de sa part virile. Mais cette loi spéciale à l'Italie n'avait aucun effet dans les provinces; et faite, uniquement pour les *sponsores* ou *fidepromissores,* elle ne s'applique pas aux fidéjusseurs : de sorte que si plusieurs *sponsores* ou *fidepromissores* ont accédé à une obligation hors de l'Italie, si plusieurs fidéjusseurs ont cautionné une dette dans une partie quelconque de l'empire, chacun sera obligé pour le tout et pourra être contraint de payer la totalité. (Inst., *De fidej.*, § 4.)

Ce qui rendait plus pénible encore la position de l'*adpromissor* qui avait payé, c'est qu'en principe, il n'avait aucun recours contre les autres. Il est vrai que la loi Apuleia avait modifié cette position au profit des *sponsores* et des *fidepromissores*, en les regardant comme associés et en donnant à celui qui avait payé au delà de sa part un recours contre les autres par l'action *pro socio;* mais rien de semblable n'existait pour les fidéjusseurs : celui d'entre eux qui avait payé toute la dette, ne pouvait exercer aucun recours contre ses cofidéjusseurs et supportait seul toute la perte, si le débiteur pour lequel il avait payé était insolvable. Sans doute le créancier, s'il le voulait, pouvait diviser son action et ne demander à chacun qu'une partie de la dette ; mais cela dépendait uniquement de sa volonté, et il n'y avait là aucune garantie pour les fidéjusseurs. Les choses restèrent dans cet état jusqu'au règne d'Adrien. Cet empereur vint au secours des *adpromissores* en permettant à celui d'entre eux qui était actionné pour le tout, d'exiger que le créancier divisât son action entre tous ceux qui étaient solvables lors de la *litis contestatio.* (Inst., *De fidej.*, § 4.)

Le bénéfice de division offre le double avantage d'être très-utile au fidéjusseur sans être trop préjudiciable au créancier. Il permet au fidéjusseur de ne payer que sa part virile dans la dette, tandis que dans la rigueur du droit il devrait payer en totalité et n'aurait aucun recours contre ses cofidéjusseurs pour leur faire supporter leur part dans cette dette. Le bénéfice de cession d'actions avait paré à ce dernier inconvénient; mais, pour l'invoquer, le fidéjusseur était obligé de payer toute la dette, c'est-à-dire d'avancer la part de ses coobligés : cette obligation était très-lourde et pouvait empêcher l'exercice du bénéfice de cession d'actions, car, ainsi que le remarque très-bien la loi 10 *princip.*, *De fidej.*, D., on peut n'avoir pas sous la main les fonds nécessaires pour payer toute la somme due.

D'autre part, le bénéfice de division n'a pas pour le créancier d'inconvénients bien graves, car la division n'ayant lieu qu'entre les cofidéjusseurs solvables, le créancier obtiendra toujours la totalité de ce qui lui est dû; il est vrai que pour arriver à se faire payer intégralement il sera obligé de faire plusieurs poursuites; mais cet inconvénient pour le créancier doit être considéré comme peu de chose, comparé à celui qu'il y aurait pour le fidéjusseur à voir mettre toute la dette à sa charge quand ses cofidéjusseurs sont solvables.

Cette division n'a pas lieu de plein droit entre les fidéjusseurs, ceux qui veulent en user doivent l'invoquer : *Inter fidejussores non ipso jure dividitur obligatio ex epistolâ divi Hadriani*, nous dit Gaius dans la loi 26, *De fidej.*, D. Ainsi, même après le rescrit d'Adrien, les fidéjusseurs sont tenus *in solidum;* le créancier peut poursuivre l'un d'eux pour le tout, et, agissant ainsi, il ne commet pas de *plus petitio;* seulement celui qui est ainsi poursuivi peut se défendre en invoquant le rescrit d'Adrien ; mais, faute par lui de le faire, il est condamné pour le tout, et, quand il a payé le tout, comme en définitive il n'a payé que ce qu'il devait, il n'a pas d'action en répétition contre le créancier. C'est là une grande différence entre le bénéfice de division établi par Adrien et le bénéfice de la loi Furia.

La nécessité où se trouve le fidéjusseur de demander la division, et l'impossibilité pour lui de répéter lorsqu'il a payé au delà de sa part, constituent aussi de graves différences entre le bénéfice de division dont nous nous occupons en ce moment et la division qui avait lieu de plein droit d'après la loi des Douze Tables entre les divers cohéritiers d'un même débiteur. Papinien, dans la loi 49, § 1er, *De fidej.*, D., 46, 1, montre bien cette différence dans une hypothèse où il applique, en les combinant, les principes du bénéfice de division entre fidéjusseurs et ceux de la division qui avait lieu de plein droit, d'après la loi des Douze Tables, entre cohéritiers d'un même débiteur.

Dans cette loi 49, § 1, Papinien examine deux hypothèses : nous ne nous occuperons que de la seconde qui seule a trait au bénéfice de division. Papinien suppose que le créancier a reçu deux fidéjusseurs, Primus et Secundus ; Primus meurt, laissant deux héritiers pour parts égales ; d'après la loi des Douze Tables, les obligations se divisent de plein droit entre les héritiers proportionnellement à leurs parts héréditaires : par suite chacun des héritiers, dans l'espèce, ne doit que 10 ; mais l'un d'eux paie toute la somme due, c'est-à-dire 20; il paie 10 au delà de ce qu'il devait, et, pour répéter ces 10, il aura la *condictio indebiti* contre le créancier. Jusque-là pas de difficulté; mais voici la question que se pose Papinien : l'héritier qui a payé 20 pourra se faire restituer les 10 qu'il ne devait pas *ipso jure*, et pour cela il a la *condictio indebiti;* pourra-t-il en outre, si le fidéjusseur survivant est solvable, se faire encore restituer 5 par le créancier? On pourrait le croire en faisant le raisonnement suivant : Les héritiers ont succédé au bénéfice de division qu'avait leur auteur (loi 27, § 3, *De fidej.*, D., 46, 1); cela étant, l'héritier qui a payé toute la somme due aurait pu, s'il avait été poursuivi par le créancier, non-seulement se dispenser de payer les 10 qu'il ne devait pas *ipso jure*, mais encore, pour les 10 autres qui restent à sa charge, invoquer le rescrit d'Adrien, et demander la division entre lui et le fidéjusseur survivant, Secundus, de sorte qu'il n'aurait payé que 5; il a donc payé indûment les 5 qu'il aurait pu *exceptionis ope* se dispenser de payer et doit, partant, avoir pour les répéter la *condictio indebiti*. Mais ce n'est là qu'une raison de douter, et Papinien ne s'y arrête pas, car si, *exceptionis ope*, l'héritier aurait pu ne payer que 5, *ipso jure* il n'en devait pas moins 10 : ces 10 n'ont donc pas été payés par lui indûment, et aucune *condictio indebiti* ne peut lui être accordée de ce chef : « Sed verior et utilior est illa sententia solutionem non indebitæ quantitatis non debere revocari; quod etiam epistolâ Divi Pii significatur in personâ fidejussoris qui totum exsolverat. » (Loi 49, § 1, *De fidej.*, D., 46, 1.)

Pour traiter cette matière d'une manière complète, nous allons examiner successivement :

1° Quels sont les fidéjusseurs qui ont le bénéfice de division;

2° Quels sont les fidéjusseurs qui, par exception, sont privés de ce bénéfice;

3° Entre quelles personnes la division se fera;

4° A quel moment le bénéfice de division doit être invoqué;

5° Nous comparerons enfin le bénéfice de division avec le bénéfice de la loi Furia.

§ 1. — Quels fidéjusseurs ont le bénéfice de division?

En principe, tous les fidéjusseurs qui se sont obligés chacun pour la totalité de la dette et pour le même débiteur, peuvent invoquer le bénéfice de division.

Deux conditions sont donc nécessaires :

1° Que chacun des fidéjusseurs se soit obligé pour le tout;

2° Qu'ils se soient tous obligés pour le même débiteur.

Reprenons ces deux conditions.

Première condition. — Il faut que les fidéjusseurs se soient obligés chacun pour le tout. C'est ce que nous apprend la loi 51, *pr.*, *De fidej.*, D. : *Inter eos fidejussores actio dividenda est, qui solidum et partes viriles fide suâ esse jusserunt.* C'est, en effet, alors seulement qu'ils ont promis chacun la totalité, qu'ils ont besoin de recourir au bénéfice de division; car si, dès le principe, ils ne se sont obligés chacun que pour sa part, ils n'ont nul besoin du rescrit d'Adrien : ils ont eux-mêmes suffisamment pourvu à leur intérêt par la manière dont ils se sont engagés.

La suite de ce *principium* prévoit une autre hypothèse : « Diversum erit verbis ita conceptis : *solidum aut partem virilem fide tuâ esse jubes ?* tunc enim ab initio non nisi viriles partes singulos debere conveniet. » La première partie du texte avait indiqué une hypothèse où le bénéfice de division était nécessaire ; ici Papinien nous en indique une où il ne l'est plus ; les fidéjusseurs ont répondu à une stipulation conçue en ces termes : *Solidum aut virilem partem fide tuâ esse jubes ?* Or, il est de principe que, dans les stipulations où se trouve ainsi la disjonctive *ou*, on interprète en faveur du débiteur, on ne considère que l'obligation la moins onéreuse pour lui ; cela étant, les fidéjusseurs ne se sont obligés que chacun pour sa part ; par suite, il n'y a pas lieu d'appliquer le rescrit d'Adrien ; ici encore les fidéjusseurs ont eux-mêmes veillé à leurs intérêts.

Seconde condition. — Il faut que les fidéjusseurs soient intervenus pour le même débiteur. Cette décision est donnée par Papinien au paragraphe 2 de la loi précitée : « Duo rei promittendi separatim fidejussores dederunt ; invitus creditor inter omnes fidejussores actiones dividere non cogitur, sed inter eos duntaxat, qui pro singulis intervenerunt. » Lorsque plusieurs *rei promittendi* se sont obligés envers un créancier et lui ont donné plusieurs fidéjusseurs, le jurisconsulte se demande si ces fidéjusseurs peuvent invoquer le bénéfice de division comme ils pourraient le faire s'il n'y avait qu'un débiteur principal. Une distinction est nécessaire : si les *duo rei promittendi* ont donné chacun un fidéjusseur, le débiteur Primus, Titius ; le débiteur Secundus, Sempronius ; l'un de ces fidéjusseurs, s'il était actionné, ne pourrait pas demander la division avec l'autre ; ainsi Titius, fidéjusseur de Primus, ne pourra pas demander la division entre Sempronius, fidéjusseur de Secundus, et lui, pas plus que Sempronius ne la pourrait demander entre Titius et lui ; car ici chaque débiteur n'a donné qu'un fidéjusseur, et il ne peut pas être question de division là où il n'y a qu'un fidéjusseur.

Il n'y aurait pas davantage lieu à division, dans l'hypothèse prévue par la loi 43, *De fidej.*, D. : Je stipule de Titius et vous vous portez fidéjusseur, ensuite je stipule de la même sorte de Sempronius, et une autre personne, Mœvius, cautionne Sempronius : vous ne pouvez pas demander la division de mon action entre vous et Mœvius, car vous n'êtes pas fidéjusseur du même débiteur ; ici il y a même un motif de plus pour repousser le bénéfice de division : c'est que les fidéjusseurs sont intervenus pour cautionner des dettes différentes, *diversarum stipulationum fidejussores sunt.*

Si au contraire, l'un des *duo rei*, Primus, avait donné plusieurs fidéjusseurs, Titius et Mœvius ; l'un d'eux, Titius, pourrait très-bien demander la division entre lui et Mœvius, mais il ne pourrait pas la demander contre Sempronius, fidéjusseur du débiteur Secundus, Sempronius n'étant pas fidéjusseur du même débiteur que lui.

Papinien ajoute que, dans le cas prévu par le paragraphe 2

de la loi 51 précitée, c'est-à-dire lorsque chacun des *rei promittendi* a donné un fidéjusseur unique, le créancier peut, s'il lui plaît, diviser son action entre les fidéjusseurs, de même qu'il pourrait la diviser entre les débiteurs. Cette décision est incontestable.

La loi 27, § 4, *De fidej.*, D., se rattache au même ordre d'idées et exige que les cofidéjusseurs soient intervenus pour le même débiteur. Cette loi fait l'espèce suivante :

Il y a un débiteur principal et un fidéjusseur Primus, ce fidéjusseur a lui-même donné un fidéjusseur Secundus, c'est-à-dire un certificateur ; ce certificateur pourra-t-il réclamer la division entre lui et le fidéjusseur Primus qu'il a cautionné ? Ulpien répond négativement, parce que, dit-il, le fidéjusseur cautionné est lui-même un débiteur principal vis-à-vis du fidéjusseur qu'il a donné, et la division ne s'opère pas entre le débiteur et son fidéjusseur : « Ille enim loco rei est, nec potest reus desiderare ut inter se et fidejussorem dividatur obligatio. »

Dans le même texte, une autre hypothèse est prévue : « Proindè si ex duobus fidejussoribus alter fidejussorem dederit, adversùs eum quidem non dividitur obligatio, pro quo intervenit, adversùs confidejussorem magis est, ut dividatur. » Sempronius est débiteur principal, Primus et Secundus sont ses fidéjusseurs, et l'un d'eux, Primus, est lui-même cautionné par Tertius ; le créancier poursuit ce certificateur Tertius ; entre qui se fera la division ? Le jurisconsulte décide que le certificateur ne pourra pas demander que le créancier divise son action entre lui et le fidéjusseur qu'il a cautionné, parce que la division n'a

pas lieu entre le fidéjusseur et le débiteur principal, et
Primus est débiteur principal vis-à-vis de Tertius ; mais
ce dernier pourra demander la division entre lui et Secundus, le cofidéjusseur du fidéjusseur qu'il a certifié,
car le fidéjusseur peut invoquer les mêmes exceptions
que le débiteur qu'il a cautionné, et Primus, fidéjusseur
qu'il a cautionné, aurait pu demander la division avec son
cofidéjusseur Secundus.

Il est hors de doute que si un fidéjusseur a donné lui-
même plusieurs certificateurs, le rescrit d'Adrien leur
sera applicable. (L. 27, § 1, *De fidej.*, D., 46, 1.)

**§ 2. — Quels sont les fidéjusseurs qui, par exception,
n'ont pas le bénéfice de division ?**

Ainsi que nous venons de le voir, pour pouvoir invoquer
le bénéfice de division, il faut que les fidéjusseurs se soient
engagés *in solidum*, pour le même débiteur et pour la même
dette, *ejusdem pecuniæ* et *pro eadem persona teneri*. Mais
cette règle souffre quelques exceptions et tous ceux qui rem-
plissent ces deux conditions ne jouissent pas du bénéfice.

Première exception. — Et d'abord, en sont privés ceux
qui ont commencé par nier de mauvaise foi leur qualité
de fidéjusseurs : *Ita demum inter fidejussores dividitur
actio si non infitientur, nam infitiantibus auxilium divisionis non est indulgendum.* (L. 10, § 1, *De fidej.*, D.)

Cette déchéance est une peine attachée à l'*infitiatio*, et
l'on comprend aisément que le bénéfice de division qui
est une faveur, *auxilium*, comme dit Ulpien, soit refusé à
ceux qui s'en rendent indignes par leur mauvaise foi.

Deuxième exception. — Sont également privés du bénéfice de division les fidéjusseurs des tuteurs. Cette dérogation à la règle générale est indiquée dans la loi 12, *Rem pupilli salvam fore*, D., 46, 6. Dans cette loi, Papinien, après avoir parlé du bénéfice de cession d'actions, rappelle le principe, puis il ajoute que ce principe reçoit exception dans le cas où c'est un pupille qui agit contre un des fidéjusseurs de son tuteur. Ce n'est point ici, comme dans le cas précédent, une peine édictée contre le fidéjusseur, mais on se trouvait en présence de deux classes de personnes inégalement favorables : d'une part les fidéjusseurs toujours rigoureusement traités et qui n'avaient acquis quelques bénéfices que successivement et comme par grâce, et, d'autre part, les pupilles que les lois romaines couvrirent toujours d'une protection voisine de l'exagération. Les pupilles, toujours préférés, le sont encore dans le cas qui nous occupe. De plus, ce n'est pas le pupille qui a choisi son tuteur : *incidit in tutorem*, dit énergiquement Papinien, *et ignorat omnia*, partant il ne doit point souffrir de l'insolvabilité de ce tuteur, et il est naturel qu'on n'ait pas voulu lui imposer l'obligation de diviser ses poursuites entre les divers fidéjusseurs.

Ce serait toutefois une erreur de croire que les fidéjusseurs d'un tuteur ne pourront jamais invoquer le bénéfice de division. La loi 7, *De fidej. et nomin.*, D., 27, 7, indique un cas où ils auront ce bénéfice. Des fidéjusseurs ont donné la caution *rem pupilli salvam fore* : l'ex-pupille se dispose à les poursuivre; pour échapper, momentanément au moins, à la poursuite qui les menace, ils donnent mandat au créancier de s'adresser d'abord au tuteur et, pour le cas où celui-ci serait insolvable, promettent à l'ex-pupille *quod ab eo servari non potuisset*. L'ex-pupille, en vertu de ce mandat, discutera son ex-tuteur débiteur, et s'il n'est pas payé intégralement, reviendra contre les fidéjusseurs; ceux-ci pourront-ils dans ce cas invoquer le bénéfice de division? Papinien répond affirmativement; et, en effet, l'ex-pupille a accepté le mandat que lui avaient donné les fidéjusseurs; il a stipulé d'eux *quod ab eo servari non potuisset*, ils ne sont plus les fidéjusseurs d'un tuteur, il s'est produit une sorte de novation *post pubertatem facta*, et par suite ils rentrent dans le droit commun.

Tout le monde est d'accord sur ce point et le texte est formel : *Placuit inter eos qui solvendo essent actionem residui dividi*, mais le jurisconsulte ajoute : *Quod onus fidejussorum susceptum videretur*, et sur l'interprétation de ces mots les opinions se partagent. Dans une première explication fournie par M. Demangeat (*De duobus reis*, p. 188), on traduit : « Parce que les deux garants sont censés avoir pris le rôle de fidéjusseurs ordinaires. » Une seconde interprétation, qui est celle de Cujas et de Pothier, consiste à dire que le pupille aurait pris pour son compte une charge qui pesait sur les fidéjusseurs. Suivant Cujas, l'insolvabilité de l'un de ces fidéjusseurs, survenue après la *litis contestatio*, serait à la charge du créancier et non pas de son cofidéjusseur, ce qui est une conséquence du bénéfice de division. Suivant Pothier, cette charge est la poursuite à diriger contre le tuteur : s'il n'y avait pas eu

de convention spéciale entre l'ex-pupille et les fidéjusseurs, ceux-ci auraient dû se faire payer, sauf à se faire
rembourser par le tuteur; le pupille s'est chargé, en vertu
de l'arrangement qu'il a pris avec les fidéjusseurs, d'agir
contre le tuteur. Du reste, quelle que soit l'explication
que l'on adopte, cela ne change en rien la solution : les
fidéjusseurs, dans l'espèce, ont le bénéfice de division.

Troisième exception. — Enfin, le bénéfice de division
ne peut être invoqué par ceux qui y ont renoncé, soit
expressément, soit tacitement.

En ce qui concerne la renonciation expresse, aucun
texte ne la permet d'une manière formelle; mais on doit
nécessairement l'admettre; car, s'il est certain, comme
nous le verrons tout à l'heure, que le fidéjusseur peut renoncer tacitement au bénéfice de division, il serait inadmissible qu'il ne le pût pas expressément. Nous trouvons
d'ailleurs dans la loi 29, C., *De Pactis,* 2, 3, la règle suivante : *Pacta conventa quæ neque contra leges, neque dolo
malo inita sunt, omnimodo observanda sunt;* et plus loin
cette même loi dit : *Regula est juris antiqui, omnes licen-
tiam habere his quæ pro se introducta sunt, renuntiare.* Le
bénéfice de division a été introduit en faveur des fidéjusseurs, aucune loi ne leur défend d'y renoncer expressément; ils peuvent donc le faire. (Lois 7, §§ 14 et 46, *De
pactis,* D., 2, 14.)

La renonciation peut être tacite, et le fidéjusseur renonce tacitement à ce bénéfice quand, pouvant demander
la division, il ne l'invoque pas et paie la totalité de la
dette. Dans ce cas, la répétition lui est interdite. (Loi 49,

§ 1, *in fine, De fidej.,* D., 46, 1 ; — Inst., *De fidej.,* § 4, *in fine,* 3, 20.)

Mais si le paiement est une renonciation tacite au bénéfice de division, il n'en est pas de même de la circonstance que les fidéjusseurs se sont obligés *in solidum,* ainsi que le disent les empereurs Sévère et Antonin dans la loi 3, C., *De fidej.* Les empereurs commencent par rappeler au créancier que les fidéjusseurs (ils étaient deux dans l'espèce) peuvent invoquer le rescrit d'Adrien, et, comme pour écarter le bénéfice de division, le créancier alléguait que, dans l'obligation, il avait été convenu que chacun des fidéjusseurs serait tenu *in solidum,* les empereurs répondent que cette clause n'est pas une renonciation au bénéfice de division (*nihil hæc res mutat conditionem juris et constitutionem*), parce que, si l'on n'avait pas fait cette clause spéciale, chacun n'en serait pas tenu pour le tout, et que l'obligation se diviserait entre eux pour leurs parts viriles s'ils étaient solvables.

§ 3. — Entre quels fidéjusseurs s'opère la division ?

Après avoir examiné quels sont les fidéjusseurs qui, en principe, peuvent invoquer le bénéfice de division et ceux qui, par exception, en sont privés, il nous reste à rechercher dans le présent paragraphe entre quelles personnes se fera cette division.

Un point incontestable, c'est qu'elle n'aura jamais lieu qu'entre personnes qui auraient elles-mêmes le droit de la demander, c'est-à-dire entre les fidéjusseurs obligés pour le tout, pour le même débiteur et pour la même dette. (Loi 51, *pr.* et § 1; — loi 43; — loi 27, §§ 1 et 4, *De fidej.*, D.) Mais le créancier sera-t-il obligé de diviser son action entre toutes ces personnes indistinctement? Non; la loi n'a pas voulu qu'une disposition introduite par un motif d'équité devînt une injustice en empêchant le créancier de recevoir ce qui lui était dû. Aussi ne l'oblige-t-elle à diviser ses poursuites qu'entre les cofidéjusseurs solvables : « Si quis eorum ante exactam a se partem sine herede decesserit, vel ad inopiam pervenerit, pars ejus ad cæterorum onus respicit. » (Loi 26, *De fidej.*, D.) Ainsi, lorsqu'un fidéjusseur est insolvable, il est traité, au point de vue de la division, comme s'il n'était jamais intervenu; sa part tombe à la charge de ses cofidéjusseurs. Cette impossibilité pour le fidéjusseur poursuivi de demander la division avec ceux de ses cofidéjusseurs qui ne seraient pas solvables, constitue une grande différence entre le bénéfice d'Adrien et celui de la loi Furia. Quand il s'agit du bénéfice de division, lors même qu'il n'y aurait qu'un seul fidéjusseur solvable, le créancier n'en obtiendrait pas moins son paiement intégral; quand, au contraire, il s'agit du bénéfice de la loi Furia, la division a lieu de plein droit entre tous les *sponsores* et *fidepromissores* vivants lors de l'exigibilité, quel que soit l'état de leur fortune; si donc, parmi eux, il y en a d'insolvables, le débiteur l'étant aussi, le créancier ne touchera jamais la totalité de ce qui lui est dû.

Ajoutons qu'il faut considérer comme solvable le fidéjusseur qui, ne l'étant pas lui-même, a donné un certificateur solvable. (Loi 27, § 2, *De fidej.*, D., 46, 1.)

Mais à quel moment faut-il que cette solvabilité existe?
Nous trouvons la réponse à cette question dans le § 4,
De fidej., aux Institutes : « Compellitur creditor à singulis
qui modo solvendo sunt litis contestatæ tempore, partes
petere. » La division ne s'opère qu'entre les fidéjusseurs
solvables lors de la *litis contestatio.*

Cette règle ne donnera lieu, dans l'application, à aucune difficulté, quand le créancier qui poursuit *in solidum*
l'un des fidéjusseurs reconnaît *in jure* la solvabilité des
autres ; le Préteur divisera alors l'action et ne délivrera au
créancier de formule que pour la part virile du fidéjusseur
poursuivi.

Mais comment les choses se passeront-elles si, lorsque
le fidéjusseur poursuivi invoquera le rescrit d'Adrien, le
créancier prétend que les autres fidéjusseurs ne sont pas
solvables, et qu'il n'y a pas lieu partant au bénéfice de
division?

Nous trouvons dans les textes plusieurs moyens de tran-
cher cette difficulté. La loi 10, *pr.*, *De fidej.*, D., prévoit
un de ces expédients. Un des fidéjusseurs est poursuivi *in
solidum ;* il invoque le bénéfice de division, le créancier
prétend que les autres sont insolvables, le fidéjusseur
pourra lui tenir le langage suivant : « Je vous donne mandat de poursuivre, à mes risques et périls, mes cofidéjusseurs chacun pour sa part ; cette opération ne peut vous
causer aucun préjudice, car de deux choses l'une : ou
bien chacun d'eux vous paiera sa part, et vous vous trou-
verez ainsi intégralement payé ; ou bien ils ne pourront
pas vous désintéresser, et dans ce cas je paierai le tout et

les frais des poursuites que vous aurez dirigées contre eux. »
Si, après avoir poursuivi les cofidéjusseurs, le créancier
n'est pas payé, il se retournera contre celui qui lui avait
donné ce mandat et ce dernier ne sera plus tenu comme
fidéjusseur mais bien comme mandant. Le créancier aura
donc contre lui non plus l'action *ex stipulatu,* mais l'action
mandati contraria.

Le créancier ne pourra pas, nous dit Ulpien, se refuser
à cet arrangement, mais à deux conditions cependant :

1° Il faut que les fidéjusseurs à discuter soient présents.
On ne veut pas créer au poursuivant des embarras trop
sérieux.

2° Le fidéjusseur devra offrir au créancier des garanties
suffisantes pour assurer son recours contre lui. En effet,
la discussion des autres fidéjusseurs exigera un certain
temps, pendant lequel celui qui a donné mandat de le
poursuivre, solvable au moment où il donne ce mandat,
pourra tomber en déconfiture. D'autre part, ce fidéjusseur peut avoir de quoi payer la dette, mais non les frais
souvent considérables occasionnés par la discussion des
autres : le créancier se trouve donc exposé à des pertes
contre lesquelles il faut le garantir.

Une objection est prévue dans le *principium* de notre
loi 10. Pourquoi, dira-t-on, ce fidéjusseur ne se fait-il
pas céder les actions du créancier, sauf à agir ensuite
en remboursement contre ses coobligés ? La réponse est
celle-ci : « Nec enim semper facilis est nominis emptio,
quum numeratio totius debiti non sit in expedito. » Le
fidéjusseur n'a peut-être pas à sa disposition la totalité

de la somme qu'il doit verser pour obtenir la cession des actions.

Tel est un des moyens de sortir d'embarras; mais il y en a d'autres. La loi 28, *De fidej.*, D., en indique un : « Si contendat fidejussor cæteros solvendo esse, etiam exceptionem ei dandam *si non et illi solvendo sint.* » Il y a trois fidéjusseurs : Primus, Secundus et Tertius, pour une somme de 100 ; Primus, actionné pour le tout, demande la division ; le créancier conteste la solvabilité de Secundus et de Tertius. Primus ne veut pas employer le moyen indiqué par la loi 10, que nous venons de voir, ou bien il ne peut pas trouver les *satisdationes* exigées par cette loi ; le Préteur délivre contre lui la formule pour la somme entière, c'est-à-dire pour 100, mais en la modifiant par l'exception *nisi et illi solvendo sint.* Si le créancier prouve sa créance, et si Primus ne justifie pas son exception, le juge condamne Primus à payer les 100 ; si, au contraire, l'exception est justifiée, Primus, suivant le système que l'on adopte sur les effets de l'exception, sera complétement absous, ou condamné seulement pour partie.

Jusqu'ici, nous avons supposé des cofidéjusseurs insolvables, mais qu'arrivera-t-il s'ils sont non plus insolvables, mais incapables ? Papinien, dans la loi 48, *De fidej.*, D., 46, 1, prévoit deux hypothèses que nous allons examiner.

1re hypothèse. — Titius et Seia ont cautionné la dette de Mœvius ; le créancier pourra, sans aucun doute, poursuivre Titius pour le tout ; car, nous dit le jurisconsulte, Titius a dû savoir que le sénatus-consulte Velléien défend à la femme de faire un acte d'intercession : « Cum scire potuerit, aut ignorare non debuerit, mulierem frustra intercedere. »

2ᵉ hypothèse. — Le fidéjusseur incapable n'est pas une femme, mais un mineur de vingt-cinq ans. Si ce mineur se fait restituer *in integrum*, le fidéjusseur majeur et capable doit-il supporter seul tout le poids de l'obligation ?

Papinien fait à cette question la réponse suivante : « Sed ita demum alteri totum irrogandum est si posteà minor intercessit, propter incertum ætatis ac restitutionis. »

On a donné de ce texte plusieurs interprétations. Voici celle de Cujas. D'après lui, Papinien ferait une distinction : le fidéjusseur capable est-il intervenu avant que le mineur se soit engagé ? Alors, le majeur pourra être poursuivi pour le tout. Sont-ils au contraire intervenus en même temps, il devra obtenir le bénéfice de division : *propter incertum ætatis ac restitutionis,* c'est-à-dire parce que le majeur ne connaissait pas l'âge du mineur et la possibilité d'une restitution.

Suivant Cujas la raison donnée par Papinien : *propter incertum ætatis ac restitutionis,* ne s'appliquerait pas au cas prévu par le texte, au cas où le mineur n'est intervenu que postérieurement à la fidéjussion du majeur, mais à une hypothèse qu'il aurait passée sous silence et qu'il faudrait tirer du texte par un argument *à contrario*. Mais alors, pourquoi le majeur est-il tenu pour le tout, *si posteà minor intercessit ?* Dirons-nous avec Pothier (Pand., *De fidej.*, LVII, *ad not.*) qu'il était seul en s'engageant, et qu'il ne pouvait espérer une division impossible ? Mais cette raison, pour être bonne, devrait s'appliquer à tous les cas. Or, quand il s'agit de fidéjusseurs capables, peu importe qu'ils se soient ou non engagés simultanément ; ils ont droit au bénéfice de division dans tous les cas. Quel est donc le motif qui justifie cette dérogation au droit commun faite en faveur du mineur ? Nous pensons qu'il faut, pour trouver ce motif, lire, ainsi que l'a fait Godefroy (l. 48, § 1, *De fidej.*, D., *ad notam*), le texte de la manière suivante : Si le fidéjusseur capable est intervenu avant le fidéjusseur incapable, il n'aura pas le bénéfice de division *propter incertum ætatis ac restitutionis,* parce que la fidéjussion du mineur est une chose incertaine et précaire qui ne peut améliorer la situation du majeur.

Du reste, l'argument *a contrario* tiré par Cujas (*Comment. in lib. Quæst. Papin.,* t. IV, c. 268 *et seq.*) du § 1er de la loi 48, nous paraît légitime, et, en cas de fidéjussion simultanée, nous pensons que le fidéjusseur majeur pourra invoquer le bénéfice de division. Toutefois, il n'en sera ainsi qu'autant que le majeur aura ignoré la minorité de son cofidéjusseur, et c'est en ce sens que Papinien oppose le cofidéjusseur du mineur à celui de la femme. Au contraire, s'il la connaissait, on devrait lui refuser le bénéfice ; car il aurait pu prévoir la possibilité d'une *restitutio in integrum ;* et il serait injuste, dans ce cas, d'en faire retomber les conséquences sur le créancier. Chaque fidéjusseur s'oblige *in solidum ;* il a bien, il est vrai, le bénéfice de division, si ses cofidéjusseurs sont solvables lors de la *litis contestatio*; mais la restitution obtenue par le mineur équivaut à une insolvabilité. On ne peut d'ailleurs pas dire que le créancier a consenti à prendre à sa charge les risques de la restitution en acceptant l'intercession d'un mineur; car, en exigeant un autre fidéjusseur, il a montré qu'il voulait être garanti contre la restitution et non pas se charger de ce risque. (Machelard, *Oblig. natur.*, page 245.)

Papinien, à la fin du texte, prévoit le cas où le mineur ne serait intervenu que par suite du dol du créancier, et dit que la restitution ne pourra préjudicier qu'au créancier; le mineur sera restitué; mais pour le majeur, cette restitution sera considérée comme non avenue, il pourra toujours invoquer le bénéfice de division : c'est l'application de la règle que le dol ne doit nuire qu'à celui qui en est l'auteur. La circonstance que la fidéjussion entachée de dol émane d'un mineur n'a aucune influence sur cette dernière solution de Papinien; il faudrait décider exactement de même si c'était un majeur qui se fût porté fidéjusseur par suite des manœuvres frauduleuses du créancier.

S'il est nécessaire que le fidéjusseur avec qui la division est demandée, soit solvable lors de la *litis contestatio*, cette circonstance suffit aussi, quand elle existe, pour que le rescrit d'Adrien puisse être invoqué et la division obtenue. Ainsi, un fidéjusseur pourra demander la division avec son cofidéjusseur, quelle que soit la modalité sous laquelle ce dernier s'est obligé. Cette décision est donnée par Ulpien dans la loi 27, *pr.*, *De fidej.*, D., qui nous apprend que tel était aussi l'avis de Pomponius. Il suppose qu'il y a plusieurs fidéjusseurs : Primus, l'un d'eux, est obligé purement et simplement, les autres à terme ou sous condition. Primus, obligé purement et simplement, aura le droit, sur la poursuite du créancier, d'invoquer le bénéfice de division tant que la condition pourra se réaliser; et l'action ne sera donnée provisoirement contre lui que pour sa part, sauf au créancier à lui réclamer plus tard la part des autres si, lors de l'échéance du terme ou lors de l'événement de la condition, les fidéjusseurs obligés sous ces modalités sont insolvables.

§ 4. — **A quel moment le bénéfice de division doit-il être invoqué?**

Nous savons que le bénéfice de division n'avait pas lieu de plein droit. Il pouvait, sans aucune difficulté, être invoqué jusqu'à la *litis contestatio;* mais pouvait-il l'être encore après la délivrance de la formule?

L'accord n'existait pas sur ce point entre les anciens auteurs. La plupart, et notamment Pothier (*Pandect.* LIX, *De fidej.*) et Vinnius (*Quæst.*, lib. II, § 4), pensaient que l'on pouvait exciper de ce bénéfice jusqu'au jugement; ils se fondaient sur la loi 10, § 1, C., *De fidej.*, ainsi conçue : « Ut autem is, qui cum altero fidejussit, non solus conveniatur, sed dividatur actio inter eos, qui solvendo sunt, *ante condemnationem* ex ordine postulari solet. » Cette loi semble bien dire, en effet, qu'il suffit de demander la division avant la sentence.

Cette opinion cependant n'est pas universellement reçue; certains jurisconsultes, parmi lesquels Cynus, la repoussaient et soutenaient avec raison, suivant nous, que le bénéfice de division devait être réclamé avant la *litis contestatio*.

On ne saurait, en effet, concilier la première opinion avec les principes du droit romain. Il s'agit ici d'une action de droit strict, car le fidéjusseur étant obligé *ex stipulatu*, l'action du créancier contre lui est une *condictio* ; or, il est de principe que, dans une action *stricti juris*, le juge doit rester dans les termes rigoureux de la formule délivrée par le Préteur; il n'a pas le pouvoir de décider *ex æquo et bono*. Si donc le bénéfice de division n'a pas été invoqué *in jure* ; si la formule donnée au créancier contient l'ordre de condamner le fidéjusseur *in solidum* et n'est modifiée par aucune exception, le juge, sous peine de dépasser les pouvoirs qui lui ont été confiés, ne peut pas accorder la division. A un autre point de vue, on ne comprendrait pas comment la division serait demandée au juge, la poursuite dirigée contre l'un des fidéjusseurs libère tous les autres et le débiteur ; dès qu'il y a eu *litis contestatio*, le créancier n'a plus de droits que contre celui qu'il a poursuivi, comment dès lors peut-il être question de division ? Il serait, d'ailleurs, difficile, dans le système que nous combattons, de s'expliquer pourquoi les fidéjusseurs avec lesquels la division est demandée doivent être solvables lors de la *litis contestatio* (loi 51, § 1, *De fidej.*, D. ; — Inst., *De fidej.*, § 4) ; il semble que la solvabilité devrait être exigée plutôt au moment où la division est requise, ou bien au moment de la sentence.

Ainsi, les principes s'opposent à ce que l'on admette l'opinion de Pothier et de Vinnius ; mais il est facile, en outre, de répondre à l'argument que ces jurisconsultes prétendent tirer de la loi 10, § 1. Chez les Romains, pour indiquer un jugement, on ne se servait pas du mot *condemnatio*, mais des expressions *sententia, res judicata ;* le mot *condemnatio* ne saurait faire allusion au jugement, et l'empereur Alexandre, dans la loi précitée, entend que la division soit demandée avant la délivrance de la formule, avant la *litis contestatio*, car nous savons, depuis la découverte des commentaires de Gaïus, que la *condemnatio* était précisément une des parties de la formule que délivrait le Préteur.

§ 5. — Effets du bénéfice de division.

Nous supposons le bénéfice invoqué en temps utile, demandons-nous quels en seront les effets ?

L'effet de la demande de division faite par le fidéjusseur sera, nous l'avons vu, de faire délivrer au créancier la formule contre le fidéjusseur poursuivi pour la part seulement de ce fidéjusseur, ou bien de la faire délivrer contre lui pour la totalité de la dette, mais avec l'adjonction de l'exception *nisi et illi solvendo sint ;* ce qui avait pour résultat soit de faire absoudre complétement le fidéjusseur poursuivi, soit de faire prononcer contre lui une condamnation pour partie seulement, suivant l'effet qu'on attribue aux exceptions en général.

Sans insister davantage sur ces points examinés plus

haut, nous nous occuperons d'une hypothèsc prévue par Papinien dans la loi 51, § 1, *De fidej.*, D. Primus et Secundus ont accédé à une dette de 30 ; Primus paie volontairement une partie de la dette, 10, par exemple ; puis, bien que Secundus soit solvable, est poursuivi par le créancier pour 20, c'est-à-dire le restant de la dette. Primus demande la division et l'obtient, car Secundus est solvable, c'est l'hypothèse, sur quelle somme se fera la division ?

Deux modes de procéder sont possibles. On peut, en effet, sans tenir compte provisoirement de ce qu'a payé Primus, opérer la division sur la somme de 30, primitivement due, ce qui mettrait 15 à la charge de chacun des fidéjusseurs, puis, imputer sur la part de Primus les 10 qu'il a déjà payés, de sorte qu'en définitive il ne devra plus que 5. On peut, d'autre part, imputer ces 10 sur la totalité de la somme due, de sorte que la dette ne sera plus que de 20, sur lesquels 20 s'opérera la division, en sorte que Primus devra encore payer 10.

Le jurisconsulte adopte cette dernière manière de procéder et décide qu'il faut faire la division sur la somme due lors de la *litis contestatio*, de sorte que Primus paiera en réalité 20, tandis que son coobligé ne paiera que 10. Voici comment Papinien motive son opinion : *Eam enim quantitatem inter eos, qui solvendo sunt, dividi convenit, quam litis tempore singuli debent.*

Quoique conforme à la rigueur du droit, cette décision n'était pas suivie dans la pratique : « *Sed humanius est, si et alter solvendo sit litis contestationis tempore, per excep-*

tionem ei qui solvit succuri. » Cette exception est l'exception de dol : il y aurait, en effet, dol de la part du créancier s'il se refusait à s'adresser à l'autre fidéjusseur.

Nous avons raisonné, jusqu'ici, dans l'hypothèse où tous les fidéjusseurs sont solvables. Voyons maintenant quels seront les effets de la division lorsque, parmi eux, il s'en trouvera qui sont insolvables. La perte résultant de cette insolvabilité devra-t-elle être supportée par les autres fidéjusseurs ou demeurer à la charge du créancier ? Une distinction est nécessaire sur ce point. L'effet sera différent suivant que l'insolvabilité est antérieure ou postérieure à la *litis contestatio.*

1º Les insolvabilités postérieures à la *litis contestatio* sont toujours à la charge du créancier, ainsi que le prouvent les lois 51, § 4, *De fidej.*, D., et 52, § 1, *eod. tit.* La loi 51, § 4, suppose que tous les fidéjusseurs étant solvables lors de la *litis contestatio,* la division a été demandée et opérée, puis l'un des fidéjusseurs devient insolvable ; Papinien décide que les conséquences de cette insolvabilité retombent sur le créancier, lors même qu'il serait mineur de vingt-cinq ans, et il ajoute que, dans ce cas, le mineur ne pourrait pas se faire restituer *in integrum,* car il ne peut pas se dire lésé puisqu'il a usé du droit commun.

La loi 52 s'occupe d'une hypothèse analogue. L'action a été divisée entre les fidéjusseurs : ils étaient tous solvables ; l'un d'eux devient insolvable après sa condamnation, partant, postérieurement à la *litis contestatio ;* le jurisconsulte nous dit que la perte ne retombe pas sur les cofidéjusseurs solvables, mais sur le pupille ; seulement, s'il y a eu mauvaise foi ou négligence de la part des tuteurs qui, pouvant réclamer l'exécution de la condamnation, ne l'ont pas fait, l'insolvabilité retombera à la charge de ces tuteurs, tenus à raison de leur faute de l'action *tutelæ directa*.

2° En ce qui concerne les insolvabilités antérieures à la *litis contestatio*, il faut distinguer si le créancier a été forcé par les fidéjusseurs à diviser son action entre eux, ou si, au contraire, il a fait volontairement cette division.

Dans le cas où le créancier a été forcé de diviser son action, les insolvabilités antérieures à la *litis contestatio* sont à la charge des cofidéjusseurs, car le créancier, ainsi que nous l'avons vu, n'est obligé de tenir compte que des fidéjusseurs solvables ; les autres sont considérés comme n'existant pas. (Inst., 54. — Loi 51, § 1, *De fidej.*)

Le créancier a-t-il, au contraire, opéré volontairement la division de son action, c'est lui qui supporte toutes les insolvabilités des fidéjusseurs. (Loi 16, *De fidej.*, C.) Avant la *litis contestatio* contre tous les fidéjusseurs, le créancier était libre de s'adresser à un seul d'entre eux pour le tout, si la solvabilité des autres ne lui inspirait pas confiance ; mais, après la *litis contestatio,* s'il se trouve que la division opérée par lui lui cause un préjudice, il ne peut pas se faire restituer.

Une exception était cependant apportée à cette règle dans le cas où le créancier était un pupille : « Quod si divisam actionem inter eos non erant solvendo, constabit, pupilli nomine restitutionis auxilium implorabitur. » (Loi 52, § 1, *in fine.*)

§ 6. — Comparaison du bénéfice.de division avec celui de la loi Furia

Le bénéfice de division et celui de la loi *Furia* avaient de l'analogie : dans l'un comme dans l'autre, il s'opérait une division entre les *adpromissores ;* cependant ils différaient sur plusieurs points.

1° La loi Furia ne s'occupait que des *sponsores* et des *fidepromissores* et ne s'appliquait qu'à l'Italie. Le rescrit d'Adrien, beaucoup plus étendu, protégeait tous les *adpromissores* dans toutes les provinces de l'empire.

2° La division de la loi Furia s'opérait *ipso jure ;* les *sponsores* et les *fidepromissores* n'étaient point tenus de la demander ; le créancier, en demandant à l'un deux la totalité de la dette, commettait une *plus petitio.* Le *sponsor* qui avait payé plus que sa part, ayant payé ce qu'il ne devait pas, pouvait recourir contre le créancier et avait, pour assurer son recours, la voie rigoureuse de la *manus injectio.* (Gaïus, *Comm.*, IV, § 22.) D'après le rescrit d'Adrien, au contraire, les fidéjusseurs restent tenus *in solidum ;* pas de *plus petitio* pour le créancier qui demande à l'un d'eux plus que sa part. Enfin la division ne s'opère pas de plein droit, et le fidéjusseur qui, poursuivi, ne la demande pas, s'expose à se voir condamner à la totalité.

3° D'après la loi Furia, la division s'opérait entre les *sponsores* et les *fidepromissores* vivants à l'échéance, qu'ils fussent solvables ou non, et l'insolvabilité de l'un d'eux retombait toujours sur le créancier. Le bénéfice de la division, au contraire, n'existe qu'entre les fidéjusseurs solvables au moment de la *litis contestatio*. (Loi 26, *De fidej.*, D., 46, 1.)

Section ii. — Bénéfice de division accordé aux *mandatores pecuniæ credendæ*.

On pouvait cautionner une dette, nous le savons, en se portant *mandator pecuniæ credendæ*, ou en faisant le pacte de constitut pour la dette d'autrui; le *mandator pecuniæ credendæ*, le constituant avaient-ils le bénéfice de division? Ils avaient droit à la même protection que les *adpromissores*, car ils avaient les mêmes charges; aussi leur avait-on accordé ce bénéfice.

Dans la présente section, nous nous occuperons des comandants. Quand plusieurs personnes avaient donné au créancier mandat de prêter de l'argent à un tiers, le créancier pouvait poursuivre chacun des *mandatores* pour le tout. « Paulus respondit, unum ex mandatoribus in solidum eligi posse, etiamsi non sit concessum in mandato. » (Loi 59, § 3, *Mandati*, D., 17, 1.) Mais ce droit rigoureux avait été mitigé par la concession du bénéfice de division : « Divi Hadriani, dit la loi 3, *De constituta pecunia*, C., 4, 18, epistolam, quæ de periculo dividendo inter *mandatores* et fidejussores loquitur, locum habere in his etiam qui pecunias pro aliis simul constituunt, necessarium est. » La loi 7, *De fidej. et nomin.*, D., 27, 7, donne la même décision : « Nam et si mandato plurium pecunia credatur, æque dividitur actio ; si enim quod datum pro alio, solvitur, cur species actionis æquitatem divisionis excludit ? »

Le premier des deux textes que nous venons de citer suppose que dans son rescrit Adrien avait mentionné formellement les *mandatores,* tandis que la loi 7, *De fidej. et nomin.,* montre que ce rescrit ne conférait pas expressément le bénéfice de division aux *mandatores,* et que les. jurisconsultes avaient dû, par voie d'interprétation, venir à leur secours. Dans cette loi, il est question de fidéjusseurs qui avaient donné la caution *rem pupilli salvam fore;* comme tels ils n'avaient pas le bénéfice de division. Menacés de poursuites par l'ex-pupille, ils lui donnent mandat de s'adresser d'abord au débiteur et lui promettent, pour le cas où ce débiteur serait insolvable, de payer le déficit ; l'ex-pupille discute le tuteur, ne peut pas se faire désintéresser et demande aux fidéjusseurs *quod ab eo servari non potuisset;* ceux-ci peuvent-ils invoquer le bénéfice de division ? Papinien répond affirmativement et il argumente par analogie de ce qui se passe pour les *mandatores pecuniæ credendæ.*

Si entre les *mandatores pecuniæ credendæ,* dit-il, on doit équitablement admettre le bénéfice de division, pourquoi ne l'accorderait-on pas dans notre espèce, où il s'agit non plus de personnes qui ont donné mandat de prêter de l'argent à un tiers, mais de personnes qui ont donné au créancier mandat d'exercer une action qui va lui faire perdre le droit qu'il avait primitivement contre elles-mêmes ? Au fond, la situation est la même, et la circonstance que les fidéjusseurs sont tenus d'une *condictio* ne doit pas leur faire refuser le bénéfice accordé aux *mandatores*. Il faut remarquer, car c'est le point capital dans la question qui nous occupe, que Papinien, en parlant du bénéfice de division accordé aux *mandatores,* ne dit pas qu'ils peuvent demander la division en vertu du rescrit d'Adrien, ce qu'il n'eût pas manqué de faire si cet empereur le leur avait formellement concédé; il dit que l'action est divisée entre eux par des considérations d'équité. C'est donc grâce à la jurisprudence, et même, suivant Cujas (lib. III, *Resp. Papin., ad leg. 7, De fidej.*), grâce au seul Papinien, que le bénéfice d'Adrien reçut une application plus large et fut étendu aux *mandatores pecuniæ credendæ.*

Section III. — Bénéfice de division accordé a ceux qui font le pacte de constitut pour la dette d'autrui

La jurisprudence s'était bornée à étendre le bénéfice de division aux *mandatores pecuniæ credendæ,* et ceux qui font le pacte de constitut pour la dette d'autrui en furent privés jusqu'à Justinien. Cet empereur, en effet, a jugé nécessaire de faire une constitution spéciale qui forme la loi 3, C., *De const., pecun.,* 4, 18, pour le leur accorder. Cette extension du rescrit d'Adrien, de même que la précédente, est fondée sur un motif d'équité, et la raison qui motive la décision de Justinien est précisément celle dont use Papinien dans le texte précité : *Æquitatis enim ratio,* dit Justinien, *diversas species actionis excludere nullo modo debet.*

On peut se demander lequel du bénéfice de division ou du bénéfice de cession d'actions est le plus avantageux pour la caution. Nous répondrons que cela dépend des circonstances et du point de vue auquel on se place.

Le bénéfice de division dispense la caution de faire l'avance de toute la dette, ce qui pourrait être très-onéreux pour elle; il lui permet de ne payer que sa part virile, calculée d'après le nombre des cautions solvables; mais il a l'inconvénient très-grave de ne pas lui assurer son remboursement par le débiteur et de l'exposer à supporter non-seulement sa part virile dans la dette, mais aussi celle de ses coobligés insolvables, sans pouvoir recourir contre eux si plus tard ils reviennent à meilleure fortune.

Le bénéfice de cession d'actions, qui a pour la caution l'inconvénient de l'obliger à faire l'avance de toute la dette, a, d'un autre côté, de précieux avantages : il permet à la caution qui a payé de profiter, pour se faire rembourser, des gages, hypothèques, etc., qu'avait le créancier. En outre, il la met à même de demander plus tard à ses coobligés, insolvables pour le moment, le paiement de leur part si leur insolvabilité vient à cesser.

En résumé donc, ce sont les circonstances qui décideront quel est celui de ces deux bénéfices que la caution aura le plus d'intérêt à invoquer.

CHAPITRE V

Bénéfice de discussion

Le bénéfice de discussion est la faveur accordée au fidéjusseur poursuivi de renvoyer le créancier à discuter d'abord le débiteur principal. Grâce à ce bénéfice, les fidéjusseurs peuvent exiger que le créancier poursuive d'abord le *reus*, et ne les oblige ainsi à payer que ce qu'il n'aurait pu payer lui-même.

Nous examinerons dans deux sections distinctes ce qu'était ce bénéfice avant Justinien, et ce qu'il est devenu après la promulgation de la Novelle IV.

SECTION 1re. — BÉNÉFICE DE DIVISION AVANT JUSTINIEN

En se reportant aux textes des Pandectes et du Code, on voit que le créancier qui avait à la fois un débiteur principal et une caution pouvait s'adresser tout d'abord à la caution aussi bien qu'au débiteur et lui demander son paiement.

A l'égard des fidéjusseurs, nous trouvons cette règle dans un grand nombre de lois. Voici ce que nous lisons dans un rescrit des empereurs Sévère et Antonin, de l'an 208, qui forme la loi 3, C., *De fidej.* : « Non recte procuratores nostri, si allegationi tuæ fides adesset, audire te noluerunt ex bonis fidejussoris, quæ ad fiscum pervenerunt, pecuniam repetentem, sed reum principalem convenire jusserunt, quam electionis potestas permittatur creditori. » Cette même doctrine se trouve dans la loi 5, C., *De fidej.*, rendue l'an 215 par Antonin Caracalla : « Jure nostro est potestas creditori, relicto reo, eligendi fidejussores, nisi inter contrahentes aliud placitum doceatur. » La convention dont parle la fin du texte est sans doute celle que les commentateurs ont appelée *fidejussio indemnitatis* et sur laquelle nous reviendrons tout à l'heure. Nous pouvons citer encore la loi 19, C., *De fidej.*, d'après laquelle le créancier a *liberam electionem*, et la loi 21, C., au même titre. Ces textes ne parlent que des fidéjusseurs, mais il faut évidemment appliquer la même règle aux *sponsores* et aux *fidepromissores*.

En ce qui concerne *le mandator pecuniæ credendæ,* le créancier jouit de la même faculté de s'adresser d'abord soit au *mandator* soit au *reus :* « Qui mutuam pecuniam dari mandavit, omisso reo promittendi et pignoribus non distractis eligi potest. » (Loi 56, *pr., Mandati,* D., 17, 1.) Ajoutons la loi 19, C., *De fidej.*, qui assimile, à notre point de vue, les *mandatores pecuniæ credendæ* aux fidéjusseurs.

Le créancier pouvait aussi s'adresser au constituant avant de poursuivre le débiteur. (Loi 19, C., *De fidej.*)

Ainsi le créancier avait le droit de poursuivre en première ligne la caution. En présence des puissants moyens de coercition établis par les lois romaines contre le débiteur, ce droit était très-onéreux pour les cautions. Aussi avaient-elles cherché à y échapper, et pour cela on avait trouvé deux moyens : la *fidejussio indemnitatis,* et le mandat dans l'intérêt du mandant et du mandataire. (Pellat, *Textes choisis des Pandectes,* p. 161.)

1° *De la fidejussio indemnitatis.* — Nous savons que, grâce à la formule de la stipulation, le fidéjusseur ordinaire promettait la même chose, *idem,* que le débiteur principal. Mais, au lieu d'interpeller le fidéjusseur en ces termes : « *Idem dare spondes ?* » le créancier pouvait changer la formule de la stipulation et lui demander : « Quanto minus à Titio consecutus fuero, dare spondes ? » Le fidéjusseur qui s'engageait ainsi à ne payer que ce que le créancier ne pourrait pas obtenir du débiteur principal, est appelé par les commentateurs « *fidejussor indemnitatis.* » Il ne faudrait cependant pas conclure de cette formule que ce fidéjusseur ne pût jamais être obligé à payer la totalité de la dette; il ne doit, il est vrai, que ce que le débiteur principal ne peut pas payer, mais si ce débiteur est tout à fait insolvable, il est évident que le fidéjusseur sera forcé de payer le tout. C'est ce que nous dit Gaïus : « *Non solet dubitari quin si nihil à Titio fuero consecutus, totum debeas quod Titius debuerit.* » (Loi 150, *De verbor, sign.,* D.)

A un certain point de vue, la *fidejussio indemnitatis* était plus avantageuse pour le créancier que la fidéjussion ordinaire. En effet, le créancier peut bien poursuivre à son gré le *reus* ou le fidéjusseur, mais les poursuites dirigées contre l'un libèrent l'autre, et, le droit du créancier une fois déduit *in judicium,* il est éteint par l'effet de la *litis contestatio,* et ne saurait revivre. (Paul, *Sent.,* lib. II, 17, § 16.)

Il n'en est pas de même pour le *fidejussor indemnitatis;*

les textes nous disent formellement que les poursuites exercées par le créancier contre le *reus* ne libèrent pas le fidéjusseur : « Sed et si decem petieris à Titio (id est reo) Mœvius non erit solutus », dit Papinien dans la loi 116, D., *De verborum oblig.*, 45, 1. — Celsus nous dit de même (loi 42, *De reb. cred.*, D., 12, 1) : « Si decem petiero a Titio, non liberatur Seius, fidejussor. »

Quel est le motif de cette décision? Il y avait sur ce point controverse entre les jurisconsultes romains. Selon Celsus, le fidéjusseur ne serait pas libéré, parce que cette libération serait contraire à l'intention du créancier; en effet, s'il en était ainsi les précautions qu'il a prises deviendraient complétement inutiles : « Alioquin nequidquam creditori cavetur. » (Loi 42, *De reb. cred.*, D.)

Paul, dans la loi 116 (*De verb. oblig.*, D., 45, 1), donne de cette décision une autre raison. Si le fidéjusseur n'est pas libéré par les poursuites dirigées contre le *reus*, c'est, dit-il, qu'il n'existe entre eux aucun lien de solidarité; ils ne sont pas *duo rei ejusdem obligationis;* ce sont deux débiteurs tenus d'une manière différente. L'un, Titius, débiteur principal, est tenu purement et simplement; l'autre, Mœvius, fidéjusseur, est tenu sous la condition suivante : « *Si a Titio exigi non poterit* »; et, si les poursuites que j'exerce contre Titius ne libèrent pas Mœvius, c'est qu'on ignore à ce moment si Titius exécutera ou non ses engagements. Mœvius sera tenu pour le tout si Titius ne paie rien; il ne sera tenu que *pro parte* si Titius ne paie qu'une partie de la somme due, et il ne devra absolument rien si le débiteur principal paie la totalité de la dette.

Dans ce dernier cas, c'est-à-dire si Titius a payé la totalité, il est inexact de dire que Mœvius soit libéré, puisque la condition sous laquelle il était engagé ne s'est pas réalisée. « Igitur, nec Titio convento, Mœvius liberatur qui an debiturus sit, incertum est; et solvente Titio non liberatur Mœvius, qui nec tenebatur, cum conditio stipulationis deficit. »

Ainsi les deux jurisconsultes sont d'accord sur la solution : en poursuivant le débiteur principal, le créancier n'a pas libéré le fidéjusseur; mais ils ne conçoivent pas de la même manière les rapports des deux promettants entre eux.

Voici cependant entre les deux jurisconsultes une divergence plus profonde. Suivant Celsus, le créancier peut poursuivre en première ligne le fidéjusseur, mais il ne pourra lui demander que ce que Titius est incapable de payer au moment où Mœvius est actionné; ainsi, il ne pourra plus agir contre Titius pour la partie qui n'a pas pu être comprise dans l'action dirigée contre Mœvius. Paul repousse cette décision : il n'admet pas que l'on puisse tout d'abord actionner le fidéjusseur. Selon ce jurisconsulte, Mœvius n'est qu'un débiteur conditionnel; il s'est engagé sous la condition : « *Si a Titio exigi non poterit.* » Il ne peut donc être poursuivi qu'après la réalisation de la condition, c'est-à-dire après la discussion préalable du débiteur principal. En résumé, suivant Paul, il faut discuter le débiteur principal avant de pouvoir actionner le fidéjusseur. Celsus, au contraire, pense qu'on peut tout d'abord poursuivre le fidéjusseur.

Mais faut-il dire que Celsus refuse au *fidejussor indemnitatis* le bénéfice de discussion? Nous ne le croyons pas, et la différence qui existe sur ce point entre les décisions des deux jurisconsultes nous paraît plus apparente que réelle. En effet, si Celsus permet d'actionner en première ligne le fidéjusseur, que permet-il de lui demander? Seulement ce que Titius, débiteur principal, ne peut pas payer au moment où Mœvius est poursuivi par le créancier. Or, pour connaître cette quotité, il faut évidemment avoir discuté Titius; donc, dans les deux cas, on arrive au même résultat pratique, à savoir que le *fidejussor indemnitatis* ne sera contraint à payer qu'après la discussion du débiteur principal.

Voici sans doute comment les choses se passaient. Selon Celsus, le créancier pouvait valablement poursuivre le *fidejussor indemnitatis*, car ce fidéjusseur est tenu purement et simplement. Seulement le créancier ne pourra évidemment se faire délivrer par le magistrat qu'une formule *incerta;* en effet, on ne sait pas encore ce que doit le fidéjusseur; cela dépend de la solvabilité plus ou moins grande du débiteur principal. Le juge puisera donc dans son *officium* le droit d'ordonner la discussion du débiteur principal; il le faut bien pour qu'il puisse remplir sa mission et déterminer au juste le montant de la condamnation à prononcer contre le fidéjusseur. Dans ce système, la discussion du débiteur principal est la conséquence forcée de la procédure telle qu'elle a été introduite. Maintenant, quand le débiteur principal aura été discuté, le juge prononcera l'absolution ou la condamnation du fidéjusseur, suivant les cas, sans que le créancier soit obligé d'intenter une nouvelle action; celle qu'il a exercée ayant efficacement saisi le juge, il n'y aura eu qu'un simple sursis à statuer.

Suivant Paul, le créancier doit d'abord discuter le *reus;* s'il poursuit le *fidejussor indemnitatis* auparavant, son action est inefficace et ne peut avoir pour effet de saisir le juge. La raison en est que le fidéjusseur est un débiteur conditionnel; il est obligé si le débiteur principal ne peut pas payer, et dans les limites de cette insolvabilité.

Tant qu'on ne sait pas qu'elle est la somme que le *reus* est en état de payer, la condition sous laquelle le fidéjusseur est obligé n'est pas réalisée, et le demandeur ne saurait valablement déduire *in judicium* une obligation qui n'est pas encore née. Nous n'allons pas jusqu'à dire que le créancier a commis une plus-pétition *tempore,* quand bien même il faudrait se placer dans le système des jurisconsultes suivant lesquels le créancier conditionnel était, au point de vue de la plus-pétition *tempore,* placé sur la même ligne que le créancier à terme; en effet, la formule, à supposer que le magistrat l'ait délivrée, est *incerta,* ce qui exclut toute idée de plus-pétition (Gaïus, *Comm.* IV, § 54). Dans ce système, il ne sert de rien au créancier de poursuivre au préalable le fidéjusseur; cette poursuite ne peut aboutir, ni si l'on suppose que le magistrat délivre la formule, ni si l'on suppose qu'il la refuse. C'est donc au créancier à se pourvoir préalablement contre le débiteur principal et à le discuter, c'est là une nécessité de sa situation ; cette discussion une fois opérée, il pourra poursuivre le *fidejussor indemnitatis;* mais, dans aucun cas, il ne pourra se servir de l'action qu'il a déjà exercée et par laquelle le juge n'a pas été saisi. Il devra intenter une action nouvelle pour demander au fidéjusseur ce qu'il n'aura pu obtenir du *reus*.

En somme, entre les deux systèmes, il n'y a qu'une différence de procédure. Dans l'un et dans l'autre, la discussion du *reus* est dans la nécessité des choses, et elle n'apparaît pas comme un bénéfice que le fidéjusseur puisse invoquer ou négliger à son gré. (Loi 43, § 9, *De œdilit. edict.*, D., 2, 11.)

2° *Du mandat dans l'intérêt du mandant et du mandataire.* — Il y avait encore un autre moyen pour la caution d'ajourner les poursuites du créancier après la discussion du débiteur principal.

Quand le créancier se disposait à poursuivre le fidéjusseur, celui-ci, qui avait intérêt à n'être point poursuivi en premier lieu, qui n'avait pas entre les mains les fonds nécessaires pour payer la dette, donnait au créancier mandat d'agir contre le *reus*. En vertu de ce mandat, le créancier poursuit le *reus* et le fait condamner; si le débiteur principal paie la totalité de la dette, pas de difficulté : le fidéjusseur sera libéré; mais si le débiteur est tout à fait insolvable ou s'il ne paie qu'une partie de la dette, le créancier pourra agir contre le fidéjusseur, non plus par l'action *ex stipulatu,* car cette action est éteinte par la poursuite intentée contre le *reus*, mais par l'action *mandati contraria*, et lui réclamer l'exécution des obligations nées du mandat. (Loi 22, § 2; — loi 45, §§ 7 et 8, *Mandati*, D., 17, 1.)

Cette convention était à la fois dans l'intérêt du mandant et dans celui du mandataire : dans l'intérêt du mandant, car il est évident que le fidéjusseur se soustrait par là, du moins pour un temps, à la poursuite et à la nécessité de payer pour autrui; dans l'intérêt du mandataire, car le créancier pourra agir successivement contre le débiteur principal et contre le fidéjusseur; il a, en effet, à son service, deux actions, la *condictio* et l'action *mandati*, et ce qu'il n'aura pas pu obtenir par l'une, il l'obtiendra par l'autre. Il échappe ainsi à la règle *electo reo principali, fidejussor liberatur*. (Paul, *Sentent.*, lib. II, 17, 16.)

Telle était, avant Justinien, la situation des cautions : elles n'avaient pas le bénéfice de discussion, et les procédés par lesquels il était remplacé n'étaient pas suffisants pour leur assurer une protection suffisante.

Il y avait cependant certaines classes de cautions qui, même avant Justinien, pouvaient demander la discussion du débiteur principal. Tels étaient les fidéjusseurs des débiteurs du fisc. Cette obligation pour le fisc de discuter les débiteurs principaux avant de poursuivre les débiteurs accessoires, ne saurait être révoquée en doute. Elle ressort clairement d'une constitution de Dioclétien qui forme la loi 4, *Quando fisc. vel priv.*, C., 4, 15, et dans laquelle nous lisons : « Non priùs ad eos, qui debitoribus fisci nostri sunt obligati, actionem extendi opportere, nisi patuerit reos idoneos non esse, certissimi juris est. »

Ulpien, dans la loi 3, § 4, *De admin. rer.*, D., 50, 8,

donne la même solution. Un fidéjusseur, répondant pour un magistrat, a fourni en outre des gages : *pignora dedit;* ces gages doivent être considérés comme donnés pour le cas seulement où le fidéjusseur pourra être légalement actionné, c'est-à-dire si le fisc n'a pu recouvrer ce qui lui est dû, en vendant les biens du magistrat : « In eum casum pignora videntur data quo recte convenitur fidejussor, videlicet postquam res ab eo servari non potuerit pro quo intercessit. »

De même, les pères de magistrats, fils de famille, étaient assimilés à des fidéjusseurs, répondant des sommes que leurs fils pourraient devoir à l'État, si toutefois ils avaient consenti à leur entrée en charge. (Loi 12, *Ad municip.*, D., 50, 1.) Or, on devait poursuivre d'abord le fils avant de s'adresser au père; le père avait, en ce cas, le bénéfice de discussion.

Section III. — Bénéfice de discussion depuis la promulgation de la Novelle IV de Justinien

Justinien accorda aux cautions le bénéfice de discussion; c'est-à-dire que depuis la promulgation de la Novelle IV, le créancier devra s'adresser d'abord *ad eum qui aurum accepit, debitumque contraxit,* et ne pourra rechercher la caution qu'après avoir inutilement poursuivi le débiteur principal.

§ 1.

Dans le très-ancien Droit romain, si l'on en croit la préface de cette Novelle, une loi, depuis longtemps tombée en désuétude, aurait accordé aux cautions le bénéfice de discussion, et ce serait cette loi que Justinien aurait reproduite en l'améliorant. Quelle était donc cette *antiqua lex?* Nous n'en trouvons aucune trace dans les textes du Digeste et du Code. Cujas [1] conjecture que c'est la loi des Douze Tables : « *Vetustissima enim est,* dit-il, *et fortitan XII Tabularum.* » Mais cette supposition n'est pas suffisamment justifiée, et il serait bien étonnant qu'une disposition aussi importante, contenue dans une loi aussi souvent citée et commentée et surtout aussi rigoureuse pour les débiteurs que la loi des Douze Tables, n'eût été l'objet d'aucune mention dans les textes.

D'autres auteurs ont révoqué en doute l'existence même de cette *antiqua lex.*

§ 2. — Quelles personnes peuvent invoquer le bénéfice de discussion?

Ce bénéfice fut, sans aucun doute, accordé aux fidéjusseurs et aux *mandatores.* Mais fut-il donné aux constituants? Les textes latins de la Novelle ne parlent que des *sponsores* et ne disent pas un mot des constituants. Mais la *sponsio* avait disparu depuis longtemps, et il est peu probable que Justinien ait voulu faire revivre une institution que les besoins de la pratique avaient fait abandonner. Aussi Cujas, remontant au texte primitif de la Novelle IV, propose-t-il de traduire les mots « αντιφωνητων » du texte grec, non plus par *sponsores,* mais par *pecuniæ constitutæ*

---

1. Cujas. *Explicat.,* Nov. ɪv.

reos. Du reste, si la Novelle IV ne parle pas des constituants, le bénéfice de discussion n'a pas tardé à leur être accordé, car la Novelle CXXXVI, de l'an 541, c'est-à-dire postérieure seulement de six ans à la précédente, parle de ce bénéfice comme d'un droit préexistant pour cette classe de cautions.

Le texte de la Novelle n'a prévu que le cas où il n'y a qu'un débiteur principal ; mais il peut y avoir plusieurs débiteurs. Supposons, par exemple, deux débiteurs solidaires et un seul fidéjusseur ; si ce fidéjusseur a cautionné l'un et l'autre des codébiteurs, on devra sans aucun doute lui permettre de faire discuter successivement les deux débiteurs, et il ne sera contraint de payer que si leur insolvabilité est ainsi dûment constatée.

Mais qu'arriverait-il si un seul des codébiteurs solidaires avait donné un fidéjusseur ? Cette caution peut-elle obliger le créancier à discuter non-seulement celui des débiteurs pour lequel elle s'est rendue caution, mais encore l'autre débiteur principal ?

Pothier (*Obligat.*, n° 412) pense qu'elle le peut, et il donne deux raisons à l'appui de cette opinion. La première est « qu'il est équitable qu'une dette, autant que faire se peut, soit payée plutôt par ceux qui en sont les véritables débiteurs que par ceux qui en sont débiteurs pour autrui. Quintilien a dit avec raison : *Non aliter, salvo pudore, ad sponsorem venit creditor quam si a debitore recipere non possit.* » (*Declamat.*, 273.)

La deuxième raison est que « l'obligation de tous les débiteurs solidaires n'étant qu'une même obligation, en accédant à l'obligation de celui pour qui il s'est rendu caution, il a accédé à celle de tous. »

Malgré la grande autorité de Pothier, nous pensons, avec M. Demangeat[1], que ces raisons ne sont pas suffisantes pour faire décider la question en ce sens.

Quant à la première raison donnée par Pothier, elle peut être excellente dans le for intérieur ; mais « quand il serait vrai que la décence exige que le créancier cherche d'abord à se faire payer par les débiteurs principaux, il ne serait pas permis d'en conclure que la caution peut le forcer à procéder de cette manière. » (M. Demangeat.)

La seconde proposition de Pothier ne nous semble pas plus exacte. Il y a des différences bien certaines entre le cas où le fidéjusseur n'a cautionné que l'un des *rei*, et celui où il les a tous cautionnés. Ainsi, nous avons vu que si *duo rei promittendi* ont donné chacun un fidéjusseur, ces fidéjusseurs ne peuvent pas invoquer le bénéfice de division. Il est certain, d'autre part, que lorsque le fidéjusseur a payé la totalité, il peut bien, par l'action *mandati* ou *negotiorum gestorum*, recourir pour la totalité contre le débiteur qu'il a cautionné, mais cette action ne peut pas lui être donnée contre l'autre codébiteur solidaire. Nous sommes donc conduit par les principes à dire que le fidéjusseur ne peut pas renvoyer le créancier à discuter le débiteur principal qu'il n'a pas cautionné ; les effets de la qualité de débiteur principal et de fidéjusseur ne se pro-

---

1. M. Demangeat. *De duob. reis*, p. 137 et s.

duisent que d'une manière relative et dans les rapports de certaines personnes déterminées.

§ 3. — Quelles personnes n'ont pas le bénéfice de discussion?

Le bénéfice établi par la Novelle IV n'est applicable, nous dit Justinien, que si le débiteur principal et la caution sont tous les deux présents : « *Si quidem præsentes rei consistant ambo et principalis et intercessor.* » Mais si le débiteur principal est absent, n'est-il pas bien rigoureux d'envoyer le créancier demander au loin un paiement qu'il pourrait obtenir au lieu même où il se trouve ? L'*antiqua lex* n'apportait aucun remède à cet état de choses, et c'est là une des améliorations que l'empereur annonce dans la préface de sa Novelle. Il permit à la caution de demander au juge un délai pour faire comparaître le *reus*, délai que le juge accordera en le déterminant: « Causæ præsidens judex det intercessori volenti principalem deducere. » Pendant ce temps il sera sursis aux poursuites contre la caution ; mais si, à l'expiration du temps fixé par le juge, le *reus* n'a pas comparu, l'instance sera continuée contre la caution, qui pourra être condamnée. S'il en eût été autrement, le débiteur aurait pu s'absenter à dessein de concert avec le fidéjusseur, et comme l'assignation, l'*in jus vocatio*, ne pouvait pas se faire contre un absent, l'action du créancier eût été entravée indéfiniment. Le Préteur avait bien introduit plus tard la *missio in possessionem* des biens du défendeur absent, mais ce remède était insuffisant dans le cas où le débiteur principal était insolvable, ce qui est fréquent pour les débiteurs cautionnés.

Les *argentarii* n'avaient pas été compris dans les dispositions favorables de la Novelle IV. Ils n'avaient donc pas le bénéfice de discussion. Cette disposition de la Novelle mettait ainsi les *argentarii* en dehors de la loi commune, et rendait leur position difficile et dangereuse. Ils s'en plaignirent à Justinien et firent valoir les services qu'ils rendaient et les périls auxquels ils étaient exposés. Depuis la promulgation de la Novelle, disaient-ils, leurs opérations étaient entravées : « Ipsorum eximi consortium et pati omnium gravissima. » - Car, d'une part, les cautions de leurs débiteurs pouvaient leur opposer le bénéfice de discussion, tandis que, s'ils se portaient eux-mêmes fidéjusseurs, le créancier pouvait s'adresser immédiatement à eux, en laissant de côté le débiteur principal. En conséquence, ils demandaient ou le bénéfice du droit commun, ou du moins que la Novelle IV fût considérée, à leur égard, comme non avenue, aussi bien dans leur intérêt que contre eux. (Nov. CXXXVI, pref.)

Ce qui probablement avait fait exclure les *argentarii* de la disposition favorable de la Novelle IV, c'est que leur intervention n'était jamais gratuite ; que s'ils rendaient des services, ils y mettaient des conditions très-onéreuses, et que, partant, ils étaient vus avec peu de faveur. Aussi Justinien ne leur accorda-t-il pas le bénéfice de discussion tel que la Novelle IV l'avait constitué. Seulement, leur dit-il, si les cautions peuvent repousser le créancier, en l'envoyant discuter le débiteur principal, ce n'est qu'un bénéfice introduit en leur faveur, et il est de principe que l'on peut toujours renoncer à une disposition de faveur.

(Nov. CXXXVI, c. 1.) En conséquence, il leur permet de faire avec les cautions le pacte suivant : « Ut creditori licentia sit tam principalem debitorem quam fidejussorem conveniendi *non expectato constitutionis gradu* (cap. 1). » Ainsi, lorsque les cautions n'avaient pas renoncé au bénéfice de discussion, les *argentarii* retombaient sous l'application de la Novelle IV. Si, au contraire, ils avaient eu le soin d'exiger cette renonciation, ils pouvaient actionner aussi bien les cautions que les débiteurs principaux.

Justinien ne se dissimulait pas l'importance de la concession qu'il faisait aux *argentarii*. Il semble éprouver quelques scrupules à autoriser de semblables pactes ; il s'appuie sur des considérations d'intérêt public, et prend la peine de justifier la modification qu'il apporte à la Novelle IV : « Propter ingens enim illud studium, dit-il, quod argentarii circa publicos contractus adhibent, hujusmodi pacta conventa admittimus. »

Cette concession était en effet de la plus haute importance. Elle arrivait à supprimer le bénéfice de discussion et l'ordre légal des poursuites établi par la Novelle IV ; car ceux qui ont besoin d'argent étant toujours à la merci de ceux qui leur en prêtent, il arriva que les *argentarii* exigèrent toujours des cautions la renonciation à la Novelle. Les particuliers suivirent l'exemple des *argentarii*, et c'est là l'origine des clauses de renonciation au bénéfice de discussion, si fréquentes dans notre ancien Droit et dans notre Droit actuel. (Art. 2021, C. civ.)

DROIT FRANÇAIS

DES DIVERS BÉNÉFICES

ACCORDÉS AUX CAUTIONS

Lorsque le législateur veut régler les effets d'un contrat, il recherche ordinairement l'utilité que ce contrat présente pour la société, les avantages qu'il procure au débiteur et les mobiles qui ont porté ce dernier à s'obliger ; c'est d'après cette recherche qu'il se détermine à traiter plus ou moins favorablement le débiteur.

A ces divers points de vue, la caution mérite une protection toute spéciale. Le contrat de cautionnement, en effet, a pour la société les plus grands avantages : il augmente le crédit, il facilite une foule d'opérations, de transactions qui, sans lui, n'auraient pas lieu. L'homme qui, sur le point de contracter, n'a pas confiance dans la solvabilité de la personne qui va s'engager envers lui, refuse de traiter avec cette personne, ou, s'il y consent, il veut que les chances de gain compensent les chances de perte auxquelles il s'expose, et soumet le débiteur à des conditions tellement onéreuses qu'elles amèneront sa ruine ou, du moins, le priveront des bénéfices qu'il espérait réaliser en contractant. Celui qui veut s'engager sans trop de désavantage doit donc rassurer son futur créancier contre les craintes qu'il peut concevoir, et l'un des moyens de le rassurer est de faire intervenir une personne solvable qui se soumette à satisfaire à l'obligation, si le débiteur n'y satisfait pas lui-même. Le cautionnement ne rassure pas seulement le créancier contre l'insolvabilité du débiteur, il le garantit encore contre les suites de l'incapacité de ce débiteur. Le contrat de cautionnement est donc utile au débiteur, parce qu'il lui donne du crédit; au créancier, parce qu'il lui permet de faire des opérations qu'il n'oserait point entreprendre sans cette garantie spéciale.

Si nous recherchons les mobiles qui ont porté la caution à s'engager et les avantages qu'elle retire personnellement de son obligation, nous verrons que sa position n'est pas moins favorable. Le cautionnement est gratuit de sa nature : il est considéré comme un office d'ami ; le plus souvent la caution s'oblige par un sentiment d'humanité, de générosité : elle s'expose aux chances d'une faillite, d'une déconfiture ; elle s'engage à rendre un argent qu'elle n'a pas reçu, à payer une dette dont elle n'a pas profité, et, en échange de ces éventualités désastreuses, elle ne reçoit aucun avantage appréciable en argent.

En se plaçant à ces différents points de vue, le législateur doit protéger la caution; mais, d'un autre côté, il ne doit point oublier que le créancier a des droits, et des droits respectables. Bien souvent, si le créancier contracte, c'est en vue de la garantie que lui offre le cautionnement ; il ne faut pas que cette garantie sur laquelle il comptait lui soit enlevée, qu'elle devienne pour lui un piége ; il ne faut pas qu'il soit victime d'une déception et que l'humanité fasse oublier la justice.

Nous trouvons donc, en cette matière, deux grands intérêts en présence : celui du créancier et celui de la caution ; le législateur doit s'attacher à les concilier ; c'est ce qu'avait fait la législation romaine, c'est aussi ce qu'ont fait les rédacteurs du Code. Ce ne fut qu'après de longs tâtonnements que le Droit romain arriva à un système satisfaisant sur ce point. A l'origine, les cautions sont traitées avec une excessive sévérité ; puis, par une réaction extrême, les lois Apuleia et Furia viennent donner une protection exagérée aux *sponsores,* aux *fidepromissores,* et anéantir presque complétement les droits du créancier contre eux ; mais à côté des *sponsores* et *fidepromissores,* nous rencontrons les fidéjusseurs restés en dehors des dispositions de ces lois et soumis à toutes les rigueurs de la législation primitive. Plus tard, la *sponsio* et la *fidepromissio* disparaissent, tandis que la condition des autres cautions s'adoucit graduellement avec l'introduction du bénéfice de cession d'actions par les jurisconsultes, du bénéfice de division par Adrien, et enfin, dans le dernier état du droit, du bénéfice de discussion par Justinien.

Ces divers bénéfices passèrent, avec quelques modifications, dans notre ancienne jurisprudence, et de là, avec de nouvelles modifications, dans le Code.

Notre étude ayant pour objet ces trois bénéfices, nous traiterons dans un premier chapitre du bénéfice de discussion; dans un second chapitre, du bénéfice de division; enfin, dans un troisième chapitre, du bénéfice de cession d'actions ou, pour parler plus exactement, de subrogation.

CHAPITRE PREMIER

Du bénéfice de discussion

Le bénéfice de discussion est une faveur que la loi accorde à la caution et qui a pour but de forcer le créancier à discuter, c'est-à-dire à saisir et à vendre les biens du débiteur principal avant de s'attaquer à la caution.

Nous avons vu comment il s'établit en droit romain.

Notre ancienne jurisprudence ne paraît pas l'avoir accueilli avec grande faveur. Quoique le contrat de cautionnement, sous le nom de *pleigerie*, fût fort usité en France dès les premiers siècles de notre histoire, nous ne voyons nulle trace, dans nos très-anciens auteurs, du bénéfice de discussion. Beaumanoir n'en parle pas.

Plus tard, cependant, lorsque l'étude du droit romain fut mise en honneur et que l'on chercha à corriger le droit coutumier par celui des *Pandectes,* la jurisprudence dut s'inspirer de la Novelle IV et introduire dans notre législation ce bénéfice si précieux pour les cautions. La preuve de ce fait ressort d'un passage des *Établissements,* de saint Louis, rendus dans le langage actuel par l'abbé de Saint-Martin :

« Le créancier, s'il n'est pas rempli de la dette de son
« débiteur, peut avoir recours sur celui qui lui sert de
« caution. Mais, s'il s'en défend, il ne peut le forcer, mais
« s'en plaindre ainsi à la justice : Messieurs, un tel m'a

« retiré ses gages, quoiqu'il fût caution ; je demande que
« vous en fassiez justice. Cela dépend de la volonté du
« créancier de recourir à la caution ou au débiteur prin-
« cipal, suivant l'usage d'Orléans et de cour de baronnie.
« Mais il doit cependant s'adresser d'abord au débiteur
« avant de recourir à la caution, surtout quand le débiteur
« peut payer et qu'il se trouve sur les lieux, suivant le
« droit écrit au Code, titre des *Cautions,* en la loi qui com-
« mence *Non rectè* et en l'authentique *Præsente,* où il est
« traité de cette matière [1]. »

Bientôt, notre bénéfice apparaît dans toutes les cou-
tumes [2]. Mais en l'empruntant aux lois romaines, notre
ancienne jurisprudence leur emprunte aussi la faculté d'y
renoncer.

Justinien, dans sa Novelle CXXXVI, avait permis aux personnes qui s'obligeaient comme cautions envers les *argentarii,* de renoncer à la protection qu'il leur avait accordée
et de convenir que le créancier pourrait s'adresser à elles
tout d'abord sans poursuivre auparavant le débiteur principal, *non expectato constitutionis ordine.* Le Droit français
étendit cette faculté à toutes les cautions, quel que fût le
créancier ; par là, il abrogeait en fait le bénéfice qu'il admettait en principe. Les créanciers, voulant augmenter
leurs garanties et rendre leur position meilleure, exigeaient
presque toujours cette renonciation, et les cautions renon-

---

1. Établissements de saint Louis, liv. I, ch. cxvi.

2. Il fut reçu non-seulement en France, mais dans toute l'Europe, sauf
quelques rares exceptions, comme par exemple la coutume de Luxembourg.
(Décret du Conseil d'État du 8 mai 1813, aff. Domaine c. Vanderbanck ; —
Dalloz, v° *Cautionnement,* n° 172.)

çaient à la Novelle IV ou à l'authentique *Præsente,* tirée de cette Novelle, comme les femmes au sénatus-consulte Velléien. Ces clauses de renonciation, excessivement fréquentes dans toutes les parties de la France, devinrent de style dans certaines provinces, notamment en Bourgogne, à tel point que, lors de la réformation de la Coutume de Bourgogne, on crut devoir supprimer le bénéfice de discussion comme entièrement tombé en désuétude[1].

Quoique son utilité fût bien peu considérable en fait, il fut pourtant maintenu presque partout en principe. Des auteurs cherchèrent même un remède aux abus des clauses de renonciation ; ils voulaient que la volonté de la caution fût certaine. Pothier nous dit que la renonciation aux exceptions de discussion et de division ne doit pas s'inférer de ces termes qui se trouveraient à la fin de l'acte de cautionnement : *promettant, obligeant et renonçant, etc.* Ce mot *renonçant,* vague et indéterminé, sans qu'on exprime à quoi les parties renoncent, ne peut être regardé que comme un pur style qui ne signifie rien, *ea quæ sunt styli non operantur.* Cette décision a lieu lors même que dans la grosse le notaire aurait étendu cette clause de *renonçant, etc.,* et y aurait exprimé la renonciation aux exceptions de division et de discussion[2]. Dumoulin, *Tr. usur.,*

---

1. C'est ce que dit Chasseneux, *in consuetud.* Burg. : « *Mihi videtur quod Domini deputati et commissi ad has nostras consuetudines faciendas, potius habuerunt considerationem quæ solent communiter fieri, quam ad juris dispositionem scriptam; quia ut communiter solet fieri, in omnibus contractibus solent apponi renunciationes, et maxime beneficii divisionis et excussionis.* » Ponsot, *Caut.,* n° 184.

2. Brillon, v° *Caution,* n° 113, rapporte la décision que voici : « Par arrêt du Parlement de Toulouse, janv. 1574, il fut dit qu'une caution ne

quœst. 7, in fine, dit l'avoir fait juger ainsi par arrêt ; la raison est que le notaire ne peut pas, par ce qu'il ajoute dans la grosse, augmenter l'obligation des parties (Pothier, *Obligations,* n° 408)[1].

D'autres jurisconsultes, dans la crainte de voir les cautions renoncer à des dispositions protectrices dont elles ignoraient la portée et même l'existence, auraient voulu que les notaires eussent pris soin de les éclairer sur l'étendue de leurs droits et sur l'importance des clauses de renonciation auxquelles elles se soumettaient.

Cependant, malgré les efforts de ces auteurs, loin de favoriser le bénéfice de discussion, dont l'utilité était déjà si restreinte, notre ancien Droit le soumit à des conditions rigoureuses qui en diminuaient encore les avantages. Partant de cette idée que c'est une faveur pour la caution, on disait que la discussion ne devait pas être trop onéreuse pour le créancier ; qu'elle ne devait être ni trop longue, ni trop difficile ; aussi exigeait-on que la caution indiquât les biens à discuter, et lui refusait-on d'indiquer les immeubles trop éloignés, litigieux ou sortis des mains du débiteur principal, lors même qu'ils étaient hypothéqués à la dette.

Enfin on imposait à la caution l'obligation d'avancer les frais des poursuites au moins immobilières. Ces conditions onéreuses n'ont rien qui doive nous étonner si nous nous reportons à la manière dont on envisageait autrefois le

---

pouvait être privée du bénéfice de discussion par les mots *renonçant, etc.*, trouvés en la cède et minute quoique, en la grosse et expédition, le notaire, étendant le *etc.*, eût couché la clause expresse de renonciation au bénéfice de division et de discussion. (Maynard, liv. VIII, ch. XXXI.) »

1. Même disposition dans l'article 1334.

bénéfice de discussion : on prétendait que cette exception était *de apicibus juris, non de œquitate*[1].

Bien que notre bénéfice fût vu avec peu de faveur dans l'ancien Droit, les rédacteurs du Code ont cru pourtant devoir le maintenir ; ils ont trouvé exagéré de dire qu'il est *de apicibus juris, non de œquitate ;* ils ont vu là un moyen de protéger la caution, et, prenant en considération la faveur qu'elle mérite, ils n'ont pas voulu la priver de cette protection. Si le bénéfice de discussion a l'inconvénient de retarder les poursuites du créancier, il a aussi des avantages : il est naturel et juste de faire payer la dette plutôt par le débiteur principal, qui en a profité, que par la caution, qui n'en a tiré aucune utilité ; par là, on simplifie la marche des affaires, on évite les recours, on prévient des procès compliqués. Du reste, par de sages et nombreuses précautions, le législateur a prévenu les abus.

Avant d'entrer dans les détails de notre matière, nous devons faire une observation. L'art. 2011 porte que « celui qui se rend caution d'une obligation se soumet à satisfaire à cette obligation si le débiteur n'y satisfait pas lui-même », et l'art. 2021 nous dit que « la caution n'est obligée envers le créancier à le payer qu'à défaut du débiteur, qui doit être préalablement discuté dans ses biens ». La rédaction de ces deux articles pourrait faire croire que le créancier est de plein droit obligé à discuter le débiteur avant de s'adresser à la caution. Ce serait une erreur ; il suffit pour

---

1. Domat, *Lois civiles,* liv. III, tit. IV, sect. 2, n° 1 ; — Despeisses, *Des contrats,* part. II, tit. II, sect. 3 ; — Loyseau, *Garantie des rentes,* ch. V, n° 5.

que la caution soit tenue que le débiteur n'ait pas payé, et, pour établir ce fait, il n'est pas nécessaire de recourir à une procédure aussi dispendieuse et aussi compliquée que la discussion d'un patrimoine.

L'art. 2022 montre bien d'ailleurs que la discussion du débiteur principal n'est pas un préliminaire indispensable sans lequel l'action du créancier contre la caution ne saurait être admise. D'après cet article, le créancier n'est obligé de discuter le débiteur que lorsque la caution le requiert sur les premières poursuites dirigées contre elle, et même elle ne peut le requérir que sous certaines conditions. C'était la jurisprudence du Parlement de Paris ; le Code n'a fait que la confirmer[1].

Mais ne faut-il pas au moins que le créancier, pour poursuivre la caution, justifie qu'il a mis le débiteur principal en demeure d'accomplir son obligation ?

On l'a soutenu[2]. Le contrat de cautionnement, ont dit les auteurs qui ont adopté cette opinion, est un contrat conditionnel, la caution n'est tenue que lorsque le débiteur principal ne remplit pas ses engagements (art. 2011 et 2021) ; le créancier doit justifier de l'accomplissement de cette condition, et il n'en justifie qu'en démontrant que le débiteur principal est en demeure de remplir son obligation. On concède toutefois que si la mise en demeure a lieu de plein droit, il n'est pas nécessaire que le créancier

---

1. Cass., 12 janv, 1808; aff. Taschereau c. Frécine; — Bruxelles, 3 févr. 1826, Rollands c. Annect; — Bordeaux, 18 août 1841, Gauthier c. Huart; — Dall., v° *Caut.*, n° 179.

2. Delvincourt, t. III, p. 140; Duranton, t. XVIII, n° 331.

fasse sommation au débiteur avant de s'adresser à la caution.

Cette opinion est presque universellement rejetée. Elle repose sur des bases qui ne sont pas exactes : l'engagement de la caution n'est pas conditionnel, son obligation est pure et simple. Pothier le disait (*Oblig.*, n° 413), et rien, dans la discussion, n'indique qu'on ait voulu innover et que les rédacteurs du Code aient entendu abandonner la doctrine de leur guide habituel.

Mais, dit-on, les termes des art. 2011 et 2021 prouvent bien que la caution n'est obligée que conditionnellement. Je réponds que les termes de ces articles n'ont pas cette portée; dans l'art. 2011, par les expressions *si le débiteur n'y satisfait pas lui-même*, le législateur a voulu faire allusion au bénéfice de discussion qu'il se proposait de développer plus tard; il a voulu montrer aussi que l'intervention de la caution ne libère pas le débiteur, et c'est en quoi le fidéjusseur diffère de l'*expromissor*. Quant à ces mots de l'art. 2021 : *La caution n'est obligée envers le créancier à le payer qu'à défaut du débiteur,* ils ont seulement pour but d'expliquer le bénéfice de discussion et ne doivent pas être isolés de la fin de l'article.

Enfin, les auteurs qui soutiennent la première opinion ne sont-ils pas en contradiction avec eux-mêmes? Ils admettent que, dans les cas où la mise en demeure du débiteur a lieu de plein droit, le créancier n'est pas obligé de lui faire une sommation; est-ce que, dans cette hypothèse, le créancier justifie de l'accomplissement des obligations du débiteur?

Ajoutons qu'une sommation préalable faite au débiteur ne serait d'aucune utilité, elle aurait pour résultat unique de multiplier les actes de procédure et les frais. En effet, de deux choses l'une : ou le débiteur principal est solvable, et alors la caution demandera la discussion sur les premières poursuites dirigées contre elle, en même temps elle avancera les sommes nécessaires pour cette discussion; ou bien, dans la crainte de perdre les frais qu'elle devrait avancer, la caution n'ose pas requérir la discussion; son silence n'est-il pas un aveu implicite de l'insolvabilité du débiteur, aveu qui justifie les poursuites dirigées contre elle[1]?

L'opinion que nous soutenons est conforme à l'ancienne jurisprudence, et si les rédacteurs du Code avaient voulu s'écarter des précédents, ils n'auraient pas manqué de s'expliquer à cet égard d'une manière claire et précise.

Cela dit sur le sens des art. 2011 et 2021, nous allons examiner en détail les principes qui régissent, dans notre Droit, le bénéfice de discussion, et nous diviserons ce que nous avons à dire sur cette matière en quatre parties, qui correspondront chacune à l'un des articles que le Code lui a consacrés.

Nous examinerons :

1° Quelles cautions peuvent invoquer le bénéfice de discussion (art. 2021);

---

1. MM. Ponsot, n⁰ˢ 33, 187; Zachariæ, t. III, p. 156; Troplong, n° 232; Merlin, *Rép.*, v° *Caution.*, § 4, n° 1.

2° A quelle époque la caution qui a ce bénéfice peut et doit en user (art. 2022);

3° Quelles conditions doit remplir la caution, et quelles qualités doivent avoir les immeubles dont elle requiert la discussion (art. 2023);

4° Quelles sont les conséquences de la négligence du créancier qui, lorsque la caution a fait l'avance des frais et l'indication des biens prescrite par l'art. 2023, a, par défaut de poursuites, laissé survenir l'insolvabilité du débiteur (art. 2024).

Section Ire. — Quelles cautions peuvent invoquer le bénéfice de discussion. (Art. 2021.)

Toute caution, en principe, jouit du bénéfice de discussion. L'art. 2021, qui pose cette règle, est conçu, en effet, dans les termes les plus généraux : « La caution, dit-il, n'est obligée envers le créancier à le payer qu'à défaut du débiteur, qui doit être préalablement discuté dans ses biens. » Mais cette règle si générale est considérablement restreinte par les exceptions qu'il faut y faire.

Première exception. — D'abord, n'ont pas le bénéfice de discussion les cautions qui y ont renoncé. Cette exception, contenue dans l'art. 2021 lui-même, rend bien peu nombreuses en fait les hypothèses dans lesquelles les cautions conventionnelles peuvent invoquer ce bénéfice. Ces cautions ayant le droit de renoncer à une protection qui n'est pas d'ordre public, les créanciers, aujourd'hui comme dans l'ancien Droit, à l'exemple des *argentarii* dans le Droit de Justinien, exigent presque toujours cette renonciation. Il y a plus : dans les actes notariés qui constatent des contrats de cautionnement, les notaires omettent rarement d'insérer ces clauses de renonciation au bénéfice de discussion, quand même les parties ont gardé, à cet égard, un silence absolu ; en sorte que ces clauses sont devenues de style. Lorsque la caution donne un certificateur, la clause de renonciation n'est pas censée applicable à ce dernier ; cela résulte de la nature même de son engagement ; car, ayant certifié la solvabilité de la caution, il faut que le défaut de solvabilité soit constaté avant qu'on puisse le poursuivre. Toutefois ce point a été fort controversé dans l'ancien Droit, où nous trouvons des arrêts dans les deux sens[1].

Nous venons de parler d'une renonciation expresse ; mais la renonciation peut être tacite, et cela arrive quand la caution s'engage comme débiteur principal. Dans l'ancien Droit il y avait controverse sur ce point ; des arrêts du Parlement de Paris avaient jugé que la renonciation devait être expresse ; qu'il ne suffisait pas que la caution se fût obligée comme débiteur principal ; mais, d'après ce que rapporte Basnage dans son *Traité des hypothèques*[2], la jurisprudence de Normandie voyait là une renonciation suffisante ; et telle était aussi l'opinion de Pothier (*Obligations,* n° 408).

La même doctrine est généralement admise aujourd'hui

---

1. Brillon, v° *Cautionn.,* arrêt, 11 mai 1554 ; — arrêt, 28 avril 1564 ; Papon, liv. X, tit. IV, n° 12.

2. *Trait. des hypoth.,* ch. IV, p. 107.

et par le même motif qui décidait déjà Pothier : c'est que, d'après les règles d'interprétation des conventions, quand une clause est susceptible de deux sens, il faut plutôt l'entendre dans celui qui lui donne quelque effet que dans le sens avec lequel elle n'en pourrait produire aucun. Posée par Pothier au n° 92 de son *Traité des obligations,* cette règle a été consacrée par le Code dans l'art. 1157.

Deuxième exception. — La caution qui s'est obligée solidairement avec le débiteur est également privée du bénéfice de discussion[1]. Cette exception est prévue par l'art. 2021. C'est encore une renonciation tacite à ce bénéfice. Cette clause de solidarité est aussi devenue de style dans les actes notariés, et même, dans la plupart de ces actes, conformément aux anciennes traditions, on y joint la clause de renonciation au bénéfice de discussion ; ce qui est complétement inutile, puisque le législateur nous dit lui-même dans l'art. 2021 que la clause de solidarité emporte renonciation au bénéfice de discussion.

L'art. 2021 dit, *in fine :* « Auquel cas (de solidarité) l'effet de son engagement se règle par les principes qui ont été établis pour les dettes solidaires. » On s'est demandé, sur cette disposition, si la caution solidaire doit être traitée à tous égards, dans ses rapports avec le créancier, comme un débiteur solidaire.

Sans entrer dans l'examen de cette question qui exigerait de trop longs développements et qui, d'ailleurs, n'a pas trait directement aux divers bénéfices accordés aux cau-

---

1. Rennes, 3 juillet 1810 ; Dall., *Caut.,* n° 174.

tions, je me bornerai à dire que, malgré les termes de
l'art. 2021, la caution solidaire ne doit pas être complète-
ment assimilée au débiteur solidaire et qu'elle peut, par
exemple, invoquer la disposition de l'art. 2037. Nous
reviendrons du reste sur ce point en parlant de l'article
précité.

Troisième exception. — La caution judiciaire ne peut pas
demander la discussion du débiteur principal (art. 2042).
Déjà, dans notre ancienne jurisprudence, il en était ainsi.
(Pothier, *Obligat.*, n° 408.) Nos anciens auteurs disaient
que la caution pouvait être contrainte *de plein vol et sans
discussion* au paiement de la dette cautionnée ; l'art. 2042
n'a fait que consacrer cette règle. Deux motifs expliquent
cette différence entre la caution judiciaire et la caution
conventionnelle : d'une part, le respect dû aux juge-
ments veut qu'on ne puisse pas en retarder l'exécution ; d'autre part, le créancier n'a pas pu, comme dans
le cas où il reçoit une caution conventionnelle, pourvoir
à ses intérêts, en stipulant la renonciation du fidéjusseur
au bénéfice d discussion.

Une question plus douteuse dans notr ancienne j ris-
pr..dence était celle de savoir si le certificateu de l
caution judiciaire pouvait invoquer le bénéfice de discussion. Louet pensait qu'il ne fallait pas le traiter mieux
que la caution qu'il garantissait ; Brodeau admettait
l'opinion contraire[1]. L'art. 2043 a tranché la question
en décidant que celui qui a cautionné une caution judi-

---

1. Brillon, n° 200, v° *Caution.*, n° 187.

ciaire ne peut demander la discussion ni de la caution,
ni du débiteur.

Quatrième exception. — L'art. 142, C. comm., contient
une quatrième exception à la règle posée par l'art. 2021,
que le bénéfice de discussion appartient à toutes les cautions. Aux termes de cet article, le donneur d'aval est
tenu solidairement et par les mêmes voies que les tireurs
et endosseurs, sauf convention contraire des parties[1].

Une autre exception au bénéfice de discussion est
admise par M. Troplong[2] sur la foi de quelques anciens
auteurs. Voici dans quelle hypothèse. Le créancier est
lui-même débiteur de la caution; si celle-ci le poursuit,
pourra-t-il opposer la compensation ? M. Troplong se
décide pour l'affirmative ; il arrive, par conséquent, à
trouver là un cas où la caution ne peut opposer le bénéfice de discussion, puisqu'elle se trouve avoir forcément
payé sa créance.

Cette thèse nous paraît bien difficile à accepter. On
sait, en effet, que la théorie de la compensation légale
s'est introduite dans notre législation par suite d'une erreur de Pothier, qui avait cru qu'à Rome la compensation

---

1. M. Pardessus (t. II, p. 587) pense que le donneur d'aval seul est
solidaire, et que les autres cautions peuvent opposer le bénéfice de
discussion.

Nous n'admettons pas cette distinction. (*Conf.*, MM. Delamarre et Lepoi-
tevin, t. II, p. 561.)

Notre solution est celle des anciens auteurs : « Varior, et mente mer-
catorum magis accommodata, usuque recepta est altera opinio contraria,
sustinens obligationem principalem sine remedio excussionis fuisse rigore
hujusmodi verborum contractam. » Casaregis, *Disc.*, 68, nos 12 et 14. —
Emerigon, t. II, p. 531.

2. Troplong, *Caut.*, no 234 et suiv. — Dalloz, *Caut.*, 174.

avait lieu de plein droit ; c'était ainsi qu'il avait traduit les mots *ipso jure* des textes, tandis que ces expressions signifiaient simplement qu'il n'y avait pas besoin de la permission du juge pour obtenir la compensation. Aussi le système adopté par le Code civil produit-il souvent des résultats fort préjudiciables, par exemple celui de forcer le créancier à recevoir un paiement partiel. Il faut donc se décider avec circonspection et repousser la compensation légale toutes les fois qu'on pourra le faire sans violer la loi. Ceci posé, la dette cautionnée est-elle véritablement susceptible d'être compensée ? Nous ne le pensons pas, car il faudrait qu'elle fût exigible, et elle ne l'est point. Non pas que nous lui donnions le caractère d'une dette conditionnelle ; ce n'est ni une dette conditionnelle, ni une dette à terme ; mais on ne peut pas dire que ce soit une dette purement exigible. La caution, si elle eût été poursuivie, aurait pu renvoyer le créancier à discuter le débiteur principal ; cette faculté n'est-elle pas suffisante pour empêcher la compensation ? D'ailleurs, on ne peut pas imputer à la caution d'avoir réclamé ce qui lui était dû et prétendre qu'elle a par là consenti à subir la compensation légale, à payer la dette du débiteur principal avec sa propre créance sans demander la discussion ; cela reviendrait à dire qu'elle aurait dû attendre les poursuites du créancier. Ce serait vraiment lui faire une singulière situation.

Enfin les conséquences du système que nous combattons achèvent d'en démontrer la fausseté. Si l'on suppose que c'est postérieurement au cautionnement que la caution est devenue créancière du créancier, cette circonstance, à laquelle elle est peut-être étrangère, lui aurait fait perdre le bénéfice de discussion. On ne saurait justifier un pareil résultat.

Aussi croyons-nous qu'on doit repousser cette nouvelle exception pour s'en tenir à celles que nous avons signalées.

En résumé, la caution judiciaire n'aura jamais le bénéfice de discussion, la caution conventionnelle le conservera rarement en fait; mais aucune disposition de la loi ne l'ayant enlevé à la caution légale, cette dernière pourra toujours l'invoquer. (Ponsot, *Cautionnement,* n° 187.)

Section II. — A quelle époque le bénéfice de discussion doit être invoqué. (Art. 2022.)

Le créancier n'est pas obligé de poursuivre le débiteur avant de s'adresser à la caution : il a le droit d'agir immédiatement contre celle-ci, et, s'il peut être renvoyé à discuter préalablement le débiteur principal, ce n'est que par une faveur particulière accordée à la caution. Le bénéfice de discussion n'a pas lieu de plein droit : il doit être invoqué par la caution et ne peut pas être suppléé d'office par le juge. Cela s'explique : la caution peut renoncer à ce bénéfice, et cela soit expressément, soit tacitement. Lorsqu'elle ne l'invoque pas, il est raisonnable de présumer qu'elle veut renoncer à la protection que lui accorde la loi, et cela est d'autant plus raisonnable que souvent elle n'a aucun intérêt à s'en prévaloir, par exemple dans l'hypothèse suivante : Le débiteur a fourni au créancier une hypothèque sur son immeuble ; c'est, nous le supposons, une première hypothèque, et la valeur de l'immeuble est, par hypothèse, de beaucoup supérieure au montant de la dette. Le créancier s'adresse à la caution : celle-ci a précisément à sa disposition la somme nécessaire pour payer la dette, elle peut se libérer sans emprunter, sans se gêner, et l'on peut même ajouter sans risques, car, grâce à la subrogation légale aux droits du créancier, elle rentrera dans ses déboursés ; elle aura ainsi l'avantage d'être libérée envers le créancier et même d'avoir fait un placement avantageux.

Le bénéfice de discussion doit donc être invoqué par la caution ; mais à quel moment doit-il l'être ? L'art. 2022 répond à cette question : « Le créancier n'est obligé de discuter le débiteur principal que lorsque la caution le requiert sur les premières poursuites dirigées contre elle.» Cette disposition est très-sage : si, en effet, la caution ne requérait que tardivement son bénéfice, elle nuirait au créancier, dont elle retarderait le paiement ; elle nuirait au débiteur, en laissant faire des frais considérables qui, en définitive, retomberaient sur lui.

La rédaction actuelle de l'art. 2022 n'est pas celle qui avait été primitivement proposée. A l'origine, il disait seulement que « le créancier n'est obligé de discuter le débiteur principal que lorsque la caution le requiert. », sans indiquer à quel moment cette réquisition devait être faite. C'est le Tribunat qui fit ajouter ces mots : *sur les premières poursuites dirigées contre elle.* « Si, en effet, disait-on, différentes poursuites ont eu lieu contre la caution, sans qu'elle ait requis la discussion des biens du débiteur, *elle est censée avoir renoncé à la faculté que la loi lui donne*. Le créancier ne doit pas être le jouet du caprice de la caution ; il doit pouvoir achever la route dans laquelle le silence de la caution l'a laissé s'avancer. » (Fenet, t. XV, p. 28.) Ces paroles nous montrent la pensée du législateur. Il ne veut pas permettre à la caution d'user du bénéfice de discussion quand elle a agi de manière à faire croire qu'elle y a renoncé, et elle a agi ainsi quand elle ne l'a pas invoqué sur les premières poursuites dirigées contre elle.

Les poursuites peuvent être judiciaires ou extra-judiciaires. Parlons d'abord des poursuites judiciaires. L'art. 2022 fait cesser une controverse qui divisait nos anciens auteurs. Ils se demandaient si l'exception de discussion pouvait être opposée en tout état de cause.

Pothier, s'autorisant de l'opinion de Guy-Pape et d'autres docteurs, voyait là une exception dilatoire, puisqu'elle ne tend qu'à différer l'action du créancier contre la caution jusqu'après la discussion du débiteur principal, et non à l'exclure entièrement, comme le ferait une exception péremptoire. D'après cela, Pothier, se fondant sur la loi 12, *De exceptionibus*, C., qui contient la règle commune aux exceptions dilatoires, veut qu'elle soit opposée avant la contestation en cause, c'est-à-dire sur les premières poursuites, et il ajoute que si le fidéjusseur a contesté au fond sans l'opposer, il n'y est pas recevable, étant censé en défendant au fond y avoir tacitement renoncé. (*Obligat.*, n° 410.)

Lors de la discussion du Code, M. Treilhard reproduit la doctrine : « La caution, dit-il, doit réclamer ce bénéfice dans le principe, toute exception étant couverte par une défense au fond. » (Fenet, t. XV, p. 41.)

D'autres auteurs en grand nombre, et parmi eux Dolive, liv. IV, chap. 22, et Serre, p. 183, pensaient que l'exception de division pouvait être opposée en tout état de cause. Cette opinion a été formellement rejetée par l'art. 2022.

Cependant, même depuis la promulgation du Code, M. Pigeau, assimilant le bénéfice de discussion au bénéfice de division et se laissant dominer par d'anciens souvenirs, dit que la caution peut proposer le bénéfice de discussion en tout état de cause, même en cause d'appel. Cette opinion est en contradiction flagrante avec les termes de l'art. 2022. En appel, on n'en est plus aux premières poursuites, et la caution a renoncé au bénéfice de discussion en se défendant par d'autres moyens.

Le créancier n'est obligé de discuter le débiteur principal que lorsque la caution le requiert sur les premières poursuites dirigées contre elle, c'est-à-dire, d'après Pothier, dont, nous dit Malleville, les rédacteurs du Code ont voulu suivre l'opinion, avant la contestation en cause. Cependant il ne faut pas décider que toute conclusion au fond fait perdre le bénéfice de discussion. Ce serait trop rigoureux.

Nous avons vu que la disposition finale de l'art. 2022 *sur les premières poursuites dirigées contre elle* avait été ajoutée sur les observations du Tribunat. Le Tribunat avait fait remarquer que le silence de la caution peut être considéré comme une renonciation à son bénéfice. D'après l'esprit de la loi, il appartient donc au juge d'examiner, selon les circonstances, si la caution qui n'a pas dès le premier moment invoqué le bénéfice de discussion doit être présumée y avoir renoncé. Cela étant, il semble impossible de déclarer déchue du bénéfice de discussion la caution qui a commencé par nier l'existence ou la validité du cautionnement; on ne peut pas conclure de cette contestation qu'elle a voulu renoncer au bénéfice de cette exception. Comment, en effet, celui que le créancier attaque en qualité de caution et qui conteste l'existence de ce cautionnement, pourrait-il opposer le bénéfice de discussion ? Ce bénéfice est spécial aux cautions ; l'invoquer serait se reconnaître caution, et c'est là précisément sur quoi porte la dénégation du débiteur. La caution ne saurait donc être déchue du droit d'opposer le bénéfice de discussion parce qu'elle a commencé par contester cette qualité [1].

Il faut en dire autant du cas où elle a commencé par contester l'existence de l'obligation principale. En effet, pour qu'il y ait lieu d'invoquer le bénéfice de discussion, il faut qu'il y ait une caution, et la caution ne se comprend que comme accessoire d'une dette principale ; nier l'existence de la dette principale, c'est nier l'existence du cautionnement.

---

1. Merlin, *Rép.*, v° *Caution*, § 4, n° 1 ; — Delvincourt, t. III, p. 143 ; — Durant., t. XVIII, n° 135 ; — Troplong, n° 254 ; — Boitard, *Leçons de procédure civile*, n° 409.

Mais si la contestation roule sur la quotité de l'obligation principale, sur l'étendue des obligations de la caution, celle-ci doit commencer par opposer son bénéfice, sinon elle en est déchue; elle est censée y avoir renoncé : car, après la discussion du débiteur, elle aurait toujours été à temps, en cas d'insuffisance des biens de ce débiteur, pour prétendre que le créancier demande plus qu'il ne lui est dû, ou que son engagement comme caution n'est pas aussi étendu que le soutient le créancier.

Pour nous résumer, nous dirons que, pour que la caution ait perdu le bénéfice de discussion, il faut que l'on ne puisse pas concilier la contestation qu'elle a soulevée avec l'intention de conserver le bénéfice ; tant qu'il y aura une conciliation possible, la caution sera recevable à invoquer son exception.

La caution qui a plaidé au fond serait-elle encore recevable à opposer le bénéfice de discussion si les biens dont elle demande la discussion n'étaient échus au débiteur principal qu'après la contestation en cause, par exemple par une succession qui lui serait échue depuis? Pothier admet l'affirmative, « car, dit-il, la règle que les exceptions dilatoires doivent être opposées avant la contestation en cause, ne peut avoir lieu qu'à l'égard des exceptions déjà nées, et non à l'égard de celles qui sont nées depuis, le défendeur ne pouvant pas être censé, lorsqu'il a défendu au fond, avoir renoncé à des exceptions qui ne sont nées que depuis. »

Nous pensons avec un grand nombre d'auteurs que la

même solution doit encore être donnée aujourd'hui, et cela
pour la raison qu'invoque Pothier[1].

Nous avons supposé jusqu'ici que le bénéfice de discussion se présentait sous la forme d'une exception; mais il
peut se présenter sous une autre forme, car une exception
suppose une action, et quand le créancier est muni d'un
titre exécutoire, il n'a pas besoin d'agir en justice contre
la caution pour se faire payer; dans ce cas, il ne peut pas
être question d'exception.

Cela nous amène aux poursuites extrajudiciaires et à
l'examen de la question de savoir à quel moment précis,
dans le cas de poursuites extrajudiciaires, la caution a
perdu le bénéfice de discussion. Le créancier poursuit la
saisie des meubles et des immeubles de la caution; à
quelle période des poursuites dirigées contre elle a-t-elle
perdu le droit d'opposer le bénéfice de discussion? Pothier
ne traitait pas cette question. L'art. 2022 répond que
la caution doit opposer son bénéfice sur les premières
poursuites; que faut-il entendre par là? Faut-il que ce
soit au moment même où le commandement lui est fait?
Évidemment non; à ce moment, la caution peut être absente ou empêchée, son silence ne peut pas s'interpréter
comme une renonciation. Nous pensons que l'on peut appliquer par analogie l'article 159, Proc. civ., qui indique
jusqu'à quel moment le jugement par défaut contre partie
qui n'a pas constitué avoué pourra être attaqué par la voie

____

1. Pothier, n° 411; — Merlin, *Rép.*, v° *Caution*, § 4; — Troplong, n° 256;
— Zachariæ, t III, p. 157. — *Contra :* MM. Duranton, n° 337, et Ponsot,
n° 191.

de l'opposition ; nous dirons donc que la caution pourra invoquer son bénéfice jusqu'à ce qu'il y ait eu un acte duquel résulte nécessairement pour elle la connaissance de l'exécution.

Dans quelle forme le bénéfice de discussion doit-il être invoqué ? Quand il y a demande en justice, il s'oppose par acte d'avoué à avoué, contenant les mentions prescrites par l'art. 2023. S'il y a exécution extrajudiciaire, on peut l'opposer sur les commandements, saisies ou autres actes, soit immédiatement, soit après coup par exploit signifié au créancier, mais toujours avec la mention et les offres prescrites.

SECTION III. — CONDITIONS AUXQUELLES EST SOUMIS L'EXERCICE DU BÉNÉFICE DE DIVISION, ET BIENS QUI PEUVENT ÊTRE INDIQUÉS. (Art. 2023.)

Bien que la caution soit dans une situation éminemment favorable, et que la loi la couvre avec raison d'une protection particulière, il ne faut cependant pas qu'elle puisse se prévaloir du bénéfice de discussion pour arrêter sans motifs l'action du créancier ; les rédacteurs du Code ont cherché à prévenir les abus, et ils ont soumis l'exercice de ce bénéfice à certaines conditions que nous allons étudier.

Elles sont énumérées dans l'art. 2023 :

1° La caution doit indiquer au créancier les biens qu'elle veut faire discuter ;

2° Elle ne peut indiquer que des biens réunissant certaines qualités ;

3° Enfin, elle doit avancer les deniers nécessaires pour faire la discussion.

Justinien exigeait, de plus, que le débiteur principal ne fût pas absent, à moins que le fidéjusseur n'offrît de le représenter dans un bref délai qui lui serait donné par le juge. Cette condition tenait à la difficulté qu'il y avait en droit romain à discuter un absent ; elle avait pour but de ne pas permettre d'entraver trop gravement l'action du créancier. Ces inconvénients n'existent plus chez nous : les assignations et les significations à domicile ayant, dans le Droit français, les mêmes effets que celles faites à la personne, il est chez nous aussi facile de discuter un débiteur lorsqu'il est absent que quand il est présent. Pothier (*Obligat.*, n° 409) faisait déjà cette remarque. Enfin, comme le fait très-bien observer M. Bugnet, si la déclaration d'absence est déjà prononcée, l'action peut être dirigée contre les envoyés en possession des biens de l'absent, en qualité de détenteurs des biens, et rien n'empêche cette discussion préalable. (Bugnet sur Poth., n° 409, not. 1.)

Reprenons successivement les trois conditions énumérées par l'art. 2023.

Première condition. — *La caution qui requiert la discussion doit indiquer les biens du débiteur principal qu'elle veut faire discuter.* Cette exigence de la loi s'explique très-bien. La caution ne doit pas abuser de la faveur qu'on lui accorde pour arrêter mal à propos les poursuites du créancier en le renvoyant à une discussion illusoire ; or, elle ne prouve l'utilité de la discussion qu'en indiquant des biens du débiteur suffisants pour acquitter la dette, au moins en partie.

Nous lisons dans Pothier (*Obligat.*, n° 415), que de son temps le créancier était obligé, sans aucune indication et dès que le bénéfice de discussion était invoqué, de discuter les meubles qui se trouvaient au domicile du débiteur. Si à ce domicile il n'y avait pas de meubles saisissables, ou si les meubles qui s'y trouvaient étaient insuffisants pour acquitter la dette, alors seulement commençait pour la caution la nécessité de faire l'indication des biens. Cette distinction entre les meubles et les immeubles n'a pas été reproduite par notre Code, la caution devra donc, en invoquant son bénéfice, indiquer les biens qu'elle veut faire discuter. Du reste ces biens peuvent être meubles ou immeubles, hypothéqués ou non à la dette; l'art. 2023 est conçu de la manière la plus générale. Peu importe aussi que les biens indiqués suffisent ou non pour désintéresser complétement le créancier; si le produit de la discussion ne suffit pas pour le payer intégralement, il aura son recours contre la caution.

La caution peut aussi indiquer tout ou partie des biens du débiteur; mais, dans ce dernier cas, elle fera bien de peser avec soin la valeur de ceux qu'elle indique, car dès qu'une première indication aura été faite, elle n'en pourra plus faire une seconde; ce serait un moyen d'éterniser les procédures. L'ancien Droit exigeait déjà que l'indication fût faite *en une fois*. Toutefois M. Troplong fait avec raison exception à cette règle pour le cas où les biens, objets d'une nouvelle indication, ne faisaient pas encore, lors de la première, partie de la fortune du débiteur[1]. Nous trouvons cette règle dans le *Traité des obligations* de Pothier (n° 411), qui cite à l'appui les *Arrêtés de Lamoignon* et un arrêt du 20 janvier 1701, rapporté par Bretonnier sur Henrys. Les rédacteurs du Code n'ont pas réglementé ce point par une disposition formelle, mais ils ont évidemment entendu suivre la doctrine de Pothier, puisque le motif de l'ancien Droit est encore le même aujourd'hui.

Deuxième condition. — La discussion ne doit pas être trop difficile. De là une série de qualités que doivent avoir les immeubles dont la discussion est requise :

1° Il ne faut pas que les immeubles soient trop éloignés; la loi veut que la caution indique seulement des biens situés dans le ressort de la Cour d'appel du lieu où le paiement doit être fait.

Cette condition a son origine dans notre ancien Droit. Pothier (*Obligat.*, n° 412) disait que le créancier ne pouvait pas être obligé à la discussion des biens du débiteur situés hors du royaume. Le Code a été plus sévère; il s'est rapproché de l'opinion de M. de Lamoignon, qui voulait que les biens indiqués ne fussent pas situés dans le ressort d'un autre Parlement.

Au conseil d'État, le consul Cambacérès réclama contre cette disposition; mais M. Bigot-Préameneu lui répondit « qu'il avait toujours été admis que le créancier n'était pas tenu de discuter des biens situés à une si grande dis-

---

1. Troplong, *Cautionn.*, n° 264; *Contra :* — M. Ponsot, n° 195.

tance, que la discussion en fût trop dispendieuse et trop embarrassante. » (Fenet, t. XV, p. 16.)

2° Pour la même raison, et même *a fortiori*, il faut que les biens indiqués ne soient pas litigieux. Ces biens offrent peu de garanties, et leur poursuite entraîne une foule de difficultés qui retarderaient indéfiniment le paiement du créancier. Le président Fabre a très-bien dit que le créancier ne devait pas être forcé de recevoir des procès en paiement : *Ne alioquin pro pecunia litem accipere cogantur.* Pour savoir si les biens sont litigieux, il ne faudra pas se reporter à la définition que donne l'art. 1700 pour le cas spécial de la cession de droits litigieux : il n'est pas nécessaire qu'il y ait procès et contestation sur le fond du droit ; il suffit que l'on puisse prévoir qu'il y aura un débat sur le bien pour que le créancier le fasse retrancher de l'indication. Ainsi on pourra regarder comme litigieux les biens grevés d'hypothèques nombreuses, d'un droit de résolution. Il a même été jugé que les biens sont réputés litigieux quand ils proviennent au débiteur des successions indivises de ses père et mère. (Toulouse, 9 mars 1819.)

3° Enfin l'art. 2023 veut que le créancier ne puisse pas être renvoyé à discuter les biens, même hypothéqués à la dette, qui ne seraient plus en la possession du débiteur.

Cette disposition fut vivement attaquée par le tribun Goupil de Préfeln : « Qu'importe, disait-il, que les biens se trouvent dans la possession de telle personne que ce soit, si, comme le projet le suppose, ils n'ont pas cessé d'être hypothéqués à la dette, et s'ils le sont encore?

« Sans cette hypothèque la caution n'aurait pas consenti l'obligation à laquelle elle s'est soumise; et, de caution simple, elle ne peut pas devenir caution solidaire, ou, ce qui équivaut, elle ne peut pas être privée du bénéfice de discussion par un acte qui est le fait d'autrui, qu'elle n'a pu ni prévenir, ni empêcher, et qui ne change rien au sort ni aux droits d'aucun des intéressés. » (Fenet, t. XV, p. 66.)

« L'action hypothécaire est foncière de sa nature, et, pour l'exercer, il n'importe quel est le propriétaire actuel de l'immeuble hypothéqué. » (Fenet, t. XV, p. 68.)

M. Chabot, qui défendit l'article, répondit : « La discussion qu'il est permis à la caution de demander ne doit être ni longue ni difficile : l'équité le veut ainsi; les auteurs n'ont cessé de le réclamer, et les tribunaux l'ont décidé constamment.

« Ne serait-ce donc pas exposer le créancier à une discussion longue et difficile que de le forcer à discuter des biens qui ne seraient plus en la possession du débiteur? N'aurait-il pas des contestations sans nombre à soutenir, et avec les nouveaux détenteurs de ces biens, et avec les créanciers? Des demandes en désistement, des expropriations forcées, des instances d'ordre, ne sont-ce pas là des procès? Et pourquoi forcerait-on le créancier à en subir toutes les longueurs et tous les désagréments pour les intérêts de la caution? Ce serait lui faire acheter bien cher le bénéfice du cautionnement. » (Fenet, t. XV, p. 71.)

M. Goupil de Préfeln avait déjà répondu en prévision de ces arguments : « Le créancier hypothécaire ne peut empêcher que, dans le cas d'une expropriation forcée, il y ait un état d'ordre qui aurait également lieu quand le débiteur serait encore possesseur du bien hypothéqué à la dette. Tout ce qui l'intéresse, c'est d'être employé dans cet état à un rang utile. L'aliénation ne lui porte aucun préjudice, si son hypothèque a conservé sa date et son privilége. » (Fenet, t. XV, p. 67.)

Malgré ces raisons, M. Chabot l'emporta, et il n'est pas permis à la caution de renvoyer le créancier discuter les biens même hypothéqués à la dette qui ne sont plus dans les mains du débiteur.

L'article 2023 ne fait encore, sur ce point, que reproduire l'ancienne jurisprudence; mais le motif sur lequel s'appuyait l'ancien Droit n'a pas été reproduit dans la discussion qui s'est élevée et que nous avons rapportée sur l'art. 2023 : il se fondait sur ce que le tiers détenteur des immeubles hypothéqués n'étant pas personnellement obligé à la dette était préférable à la caution personnellement obligée; et nous voyons dans le *Traité des obligations* de Pothier, n° 412, que c'étaient au contraire les tiers détenteurs qui avaient le droit de renvoyer les créanciers hypothécaires à la discussion du débiteur principal et de ses cautions. Nous examinerons plus tard si cette doctrine doit encore être admise aujourd'hui.

Une question s'élève sur ces mots : *biens du débiteur*. Plusieurs débiteurs ont contracté une obligation solidaire, et l'un d'eux a donné une caution; celle-ci peut-elle renvoyer le créancier à la discussion non-seulement du débiteur qu'elle a cautionné, mais encore des autres ? Nous examinerons cette question sur l'art. 2030 qui peut servir à en donner la solution.

Quand le créancier prétend que la discussion n'a rien produit ou n'a produit qu'une somme insuffisante pour le désintéresser, il doit rapporter les pièces à l'appui de son allégation, procès-verbaux de carence, d'adjudication, etc.

Si la discussion n'a produit qu'une partie de la somme due, il peut s'élever des questions d'imputation dont la solution importe grandement à la caution.

Supposons que la dette soit de 10,000 fr. et que le cautionnement ne porte que sur 5,000 ; la discussion du débiteur n'a produit que 5,000, le créancier aura-t-il recours contre la caution pour le reste de la dette? Un arrêt de la deuxième chambre des enquêtes de Paris a décidé, le 3 août 1709, que, dans ce cas, le créancier n'a pas de recours contre la caution. Cet arrêt est motivé sur ce que le paiement doit être imputé sur la dette la plus onéreuse (loi 3, *De solutionib.*, D.), et sur ce que la dette garantie par un cautionnement est plus onéreuse que celle qui ne l'est pas (loi 4, *De solutionib.*, D.).

Cette décision ne doit pas être admise; les règles de l'imputation des paiements sur lesquelles elle s'appuie, ne sont pas applicables ici : elles supposent plusieurs dettes, et dans l'hypothèse il n'y en a qu'une. Cette décision serait d'ailleurs contraire à l'intention des parties. Le créancier en se faisant donner caution pour une partie de la dette, a voulu se faire garantir, jusqu'à concurrence de la somme cautionnée, de la perte qui pourrait résulter pour lui de l'insolvabilité partielle du débiteur; il a prévu le cas où le débiteur ne pourrait pas payer plus de 5,000 fr., et a voulu se réserver le droit de demander le surplus à la caution; mais il n'a pas entendu que cette caution serait libérée dès que le débiteur aurait payé 5,000 francs [1].

Autre question d'imputation. La dette cautionnée porte intérêts, mais la caution n'a promis que le paiement du capital; le produit de la discussion doit-il s'imputer sur le capital pour servir à la décharge de la caution, ou doit-il s'imputer d'abord sur les intérêts, puis sur le capital? Cujas et Barnage prétendaient qu'il fallait faire l'imputation sur le capital, et, si on leur objectait la loi 68, § 1, *De fidej.*, D., qui décide le contraire, ils répondaient que c'était une disposition tout exceptionnelle, motivée par la faveur du fisc. Mais cette loi s'explique très-bien sans qu'on soit obligé d'y voir une dérogation aux principes : c'est une application de cette règle que le paiement fait par le débiteur sur le capital et les intérêts, doit s'imputer d'abord sur les intérêts : *Priùs in usuras nummum acceptum soluto ferendum* (loi 5, § 2, *De solutionibus*, D.). Cette règle sur l'imputation des paiements a passé dans notre Code (art. 1254). Aussi faut-il admettre encore aujourd'hui la décision donnée par la loi 68, § 1, *De fidej.*, D., et dire que le produit de la discussion doit être imputé d'abord sur les intérêts. Il n'y a pas de motifs pour renoncer ici à la règle du droit commun dans l'intérêt des cautions.

Troisième condition. — La caution doit faire l'avance

---

des frais nécessaires à la discussion[1]. Cette règle, qui existait déjà dans notre ancienne jurisprudence, au moins pour la discussion des immeubles, fut vivement attaquée au Tribunat par M. Goupil de Préfeln. Il demandait pourquoi la caution, dont l'intervention n'est pas moins dans l'intérêt du créancier que du débiteur, était l'objet d'une défaveur exceptionnelle; il faisait remarquer que le défendeur qui a un garant ne peut pas demander à celui-ci l'avance des frais nécessaires pour la défense. Enfin il objectait qu'il pourrait surgir de graves difficultés pour fixer le montant des avances à faire et déterminer entre les mains de qui ces avances seraient déposées. (Fenet, t. XV, p. 61 et suiv.)

M. Chabot répondit que le bénéfice de discussion était exclusivement dans l'intérêt de la caution, à qui il procurait, sinon une libération, au moins un délai, que dès lors il était juste que cette caution fît l'avance des frais. (Fenet, t, XV, p. 70.)

Quant aux difficultés pratiques sur le montant des avances à faire et sur le point de savoir entre les mains de qui elles seraient déposées, M. Chabot dit que ces points seraient réglés par le Code de Procédure. (Fenet, t. XV, p. 70.)

Le Tribunat se rendit à ces raisons, et admit l'art. 2023 tel qu'il avait été proposé. On peut remarquer que cet article va plus loin que l'ancien Droit. Pothier (*Oblig.*,

---

1. Il a été jugé qu'il n'est pas nécessaire que la caution offre spontanément cette avance; il suffit qu'elle la fasse, si le créancier le requiert. — Cass., 21 mars 1827; Dall., *Caut.*, n° 193.

n° 413) nous apprend que la caution n'était obligée d'avancer les frais que pour la discussion des immeubles, plus dispendieuse que celle des meubles. L'art. 2023 ne distingue pas et la caution doit faire l'avance, qu'il s'agisse de meubles ou d'immeubles; dans les deux cas, la discussion est dans l'intérêt du fidéjusseur.

Il faut observer, en second lieu, que le Code de procédure n'a pas tranché, ainsi que l'avait promis M. Chabot, les difficultés qui pourraient naître, soit sur l'avance, soit sur la détermination de la personne à qui les deniers seraient remis. Mais cette omission est de minime importance, car si les parties ne s'entendent pas sur le montant des avances, le chiffre en est fixé par les tribunaux, qui statuent sur les offres faites par la caution. Quant à la personne à qui les deniers doivent être remis, les juges décideront suivant les circonstances. Tantôt ils ordonneront le versement des deniers au créancier sur récépissé, tantôt ils ordonneront la consignation. Il n'y a donc pas sur ce point de difficultés sérieuses; d'ailleurs, les entraves auxquelles la loi a soumis notre bénéfice en rendent l'exercice si peu fréquent qu'il n'était pas indispensable d'en organiser la procédure.

SECTION III. — LORSQUE LA CAUTION A REMPLI LES CONDITIONS QUI LUI SONT IMPOSÉES, SUR QUI DOIVENT RETOMBER LES CONSÉQUENCES DE L'INSOLVABILITÉ DU DÉBITEUR QUAND IL Y A EU NÉGLIGENCE DU CRÉANCIER A LE POURSUIVRE? (Art. 2024.)

La caution a requis la discussion du débiteur, a indiqué les biens à discuter, a fait l'avance des frais; le créancier n'a pas poursuivi immédiatement le débiteur qui devient insolvable ; sur qui retombent les conséquences de cette insolvabilité ?

Dans l'ancien Droit, il y avait controverse sur ce point. Pothier, au n° 414 de son *Traité des obligations*, soutenait que c'était sur la caution ; il disait que la Novelle IV, en donnant à la caution le bénéfice de discussion, ne lui avait pas permis de limiter le temps pendant lequel le créancier pouvait agir ; tout ce qu'avait fait Justinien, c'était de permettre au fidéjusseur d'arrêter les poursuites du créancier tant qu'il ne s'était pas adressé au débiteur principal et n'avait pas discuté ses biens ; la caution d'ailleurs, si elle craignait le cas d'insolvabilité qui est arrivé, pouvait poursuivre elle-même le débiteur, comme elle en avait le droit dès qu'elle avait été assignée. Pothier appuyait son opinion sur celle de Henrys et du barreau de Paris.

Cette opinion n'était pas universellement admise ; l'article 192 de la nouvelle coutume de Bretagne décidait au contraire que l'insolvabilité du débiteur devait retomber sur le créancier. Pothier citait cette disposition, mais prétendait qu'elle devait être restreinte à son territoire. L'article 2024 a tranché cette question dans le sens de la coutume de Bretagne, il est ainsi conçu : « Toutes les fois que la caution a fait l'indication de biens autorisée par l'article précédent, et qu'elle a fourni les deniers suffisants pour la discussion, le créancier est, jusqu'à concurrence des biens indiqués, responsable à l'égard de la caution de l'insolvabilité du débiteur survenue par le défaut de poursuites. »

Ainsi, lorsque le bénéfice de discussion a été invoqué et que les conditions de l'art. 2023 ont été remplies, la position du créancier est notablement modifiée. Jusque-là, il pouvait négliger de poursuivre le débiteur; mais, à partir de ce moment, il y a pour lui obligation d'agir; son inaction est une faute dont il doit subir les conséquences.

Quand la caution a indiqué les biens et fourni les deniers suffisants pour la discussion, le créancier est devenu en quelque sorte son mandataire à l'effet de poursuivre le débiteur, et, s'il y met de la négligence, il est, comme tout mandataire, responsable de cette négligence. (Fenet, t. XV, p. 21.)

L'article 2024, dans sa rédaction primitive, portait que: « Si le créancier avait accepté les deniers pour la discussion des biens indiqués, il serait responsable de l'insolvabilité survenue par le défaut de poursuites. (Art. 15 *du projet.*) Cette rédaction pouvait faire naître des doutes sur le point de savoir si le créancier devait être responsable, soit qu'il eût accepté spontanément les deniers fournis par la caution, soit que, sur son refus de les recevoir, ces deniers eussent été consignés. L'acceptation, en effet, peut être volontaire ou forcée, puisque le créancier n'a pas le droit de refuser des offres déclarées valables par la justice.

Le premier Consul fit cette observation; il admettait bien que si le créancier avait accepté spontanément les deniers, il était censé avoir voulu prendre à sa charge, jusqu'à concurrence des biens indiqués, les risques de l'insolvabilité future du débiteur; « mais, ajoutait-il, si la caution, prévoyant l'insolvabilité du débiteur principal, se presse de requérir la discussion, indique les biens, et, sur le refus que fait le créancier de recevoir l'avance des frais, les consigne, le créancier devra-t-il être victime de cette sorte de fraude? » Pour éviter les conséquences de cette sorte de fraude, il demandait que la caution qui avait consigné les fonds fût responsable de l'insolvabilité du débiteur pendant les trois mois qui suivraient la réquisition de la discussion, l'indication des biens et le paiement des avances. (Fenet, t. XV, p. 19 et 20.)

Cette observation fit renvoyer l'article à la section de législation; mais dans la rédaction définitive, la section n'a pas reproduit la distinction proposée par le premier Consul : elle a fait disparaître l'obscurité de l'article en substituant les mots *deniers fournis* aux mots *deniers acceptés;* et, au lieu de rendre la caution responsable de l'insolvabilité survenue dans un certain délai, elle a laissé aux tribunaux le soin d'apprécier, d'après les circonstances, si le défaut de paiement par suite de l'insolvabilité du débiteur peut être considéré comme résultant de la négligence du créancier à poursuivre. L'art. 2024 ne met à la charge du créancier que le défaut de poursuites en temps opportun. Même dans le cas où le créancier n'aurait pas commencé de poursuites, il faudrait voir si l'insolvabilité n'était pas antérieure, de sorte que les poursuites eussent été inutiles, ou si l'insolvabilité n'est pas arrivée avec une rapidité telle que le créancier n'ait pas eu le temps d'agir. Pour l'application de l'art. 2024, il faut que ce soit la négligence du créancier à poursuivre qui ait amené le non-paiement de la dette.

Remarquons, en terminant, que tout ce que nous avons dit du bénéfice de discussion, peut s'appliquer au certificateur de la caution. Le certificateur joue le rôle de caution dans ses rapports avec la caution, qui devient alors pour lui un débiteur principal.

CHAPITRE II

Du bénéfice de division

Le bénéfice de division fait l'objet des articles 2025, 2026 et 2027 du Code civil.

« Lorsque plusieurs personnes, dit l'art. 2025, se sont rendues caution d'un même débiteur, pour une même dette, elles sont obligées chacune à toute la dette. »

Les cautions diffèrent en cela des débiteurs principaux; car si plusieurs personnes contractent une obligation conjointement, mais sans solidarité, chacune n'est tenue que pour sa part virile. Après avoir posé ce principe, le législateur se hâte d'en tempérer la rigueur en donnant aux cautions le bénéfice de division. « Néanmoins chacune d'elles peut, à moins qu'elle n'ait renoncé au bénéfice de division, exiger que le créancier divise préalablement son action et la réduise à la part et portion de chaque caution. » (Art. 2026, 1er alinéa.)

Les souvenirs du Droit romain dominent d'une manière évidente toute cette matière : ce sont bien là les fidéjusseurs tenus chacun pour le tout. (Inst., *De fidej.*, § 4.) C'est bien là aussi le bénéfice de division introduit par un rescrit d'Adrien.

Du Droit romain, le bénéfice de division passa dans notre ancienne jurisprudence et de là dans le Code; mais les dispositions des art. 2025 et 2026, soulevèrent au Tribunat une vive opposition. On fit observer que les cautions, malgré la faveur qu'on paraissait leur accorder, étaient moins bien traitées que les débiteurs conjoints ordinaires ; entre ces derniers la dette se divise de plein droit, qu'ils soient solvables ou non, tandis que les cautions, même en demandant la division, restent chargées de la part de celles qui sont insolvables au moment où le bénéfice est invoqué. » Le projet, ajoutait-on, admet la caution au bénéfice de division lorsqu'elle n'a pas renoncé à ce bénéfice ; seulement il exige que la caution le demande. Il serait plus simple que la division eût lieu de plein droit, toutes les fois qu'il n'y aurait pas de renonciation ; si la caution peut obtenir ce bénéfice dans un temps, on ne voit pas pourquoi elle ne l'aurait point dans un autre ; ou au contraire, s'il répugne que la division ait lieu de plein droit, parce que chaque caution s'est obligée pour le tout, cette raison devrait également empêcher qu'en aucun temps le bénéfice de division dût être accordé. » On proposait de substituer aux articles 2025 et 2026 la disposition suivante : « Lorsque plusieurs personnes se sont rendues caution du même débiteur pour la même dette, si elles ne se sont pas obligées solidairement, chacune d'elles n'est tenue que de sa part et portion de la dette, sans être garante de l'insolvabilité ni de l'incapacité des autres cautions. » (Fenet, t. XV, p. 29.)

A cela on répondit que, d'après la nature du cautionnement, les cautions s'obligeaient à tout ce que devait le débiteur principal ; que cela résultait de la définition même du cautionnement, et que le bénéfice de division n'était qu'une faveur qui devait être demandée. (Fenet, t. XV, p. 29 et 30.)

Pothier soutenait déjà la même doctrine (*Oblig.*, nº 415). D'ailleurs la situation rigoureuse de la caution résulte de l'intention présumée des parties. Il est évident que si un créancier vigilant a exigé pour la garantie de sa créance plusieurs cofidéjusseurs, c'est qu'il a pensé qu'il serait payé plus sûrement et plus facilement; et il serait tout au moins singulier de le récompenser de la prudence qu'il a montrée, en le forçant à diviser ses poursuites et à supporter l'insolvabilité ou l'incapacité de l'une ou l'autre des cautions.

Quoi qu'il en soit, la question fut mise aux voix; il y eut partage, et ce partage fit triompher les anciennes traditions. Ainsi, chez nous, comme à Rome, chacun des cofidéjusseurs est tenu *in solidum*; mais il a le droit, lorsqu'il est poursuivi, de demander la division.

Tous les détails de cette matière se rattachent aux quatre points suivants, que nous allons successivement examiner :

1º Quelles personnes peuvent opposer le bénéfice de division;

2º Entre qui la dette doit être divisée;

3º Quand l'exception de division doit être invoquée;

4º Quels sont les effets de la division, opérée soit sur la demande de la caution, soit spontanément par le créancier.

SECTION Iʳᵉ. — QUELLES PERSONNES PEUVENT OU NON INVOQUER LE BÉNÉFICE DE DIVISION ?

Quand plusieurs cautions se sont engagées pour le même débiteur et pour la même dette, elles ont le bénéfice de division (art. 2025 et 2026 combinés); mais ce bénéfice n'est pas d'ordre public; la loi permet aux cautions d'y renoncer (art. 2026). Cette disposition de l'article 2026 diminue beaucoup l'importance du bénéfice de division et rend très-rares en fait les hypothèses dans lesquelles il peut s'exercer. Ordinairement, en effet, les créanciers, en exigeant l'intervention de plusieurs cautions, les feront renoncer à demander la division pour le cas où elles seraient poursuivies. Ces clauses de renonciation sont même devenues de style : il est très-rare qu'elles ne se trouvent pas dans les actes notariés.

La renonciation peut être non-seulement expresse, mais tacite. Elle résulte implicitement de ce que les cautions se sont obligées solidairement soit entre elles, soit avec le débiteur principal. Entre elles, cela ne peut pas faire de doute ; la loi n'a même pas pris la peine de le dire, le mot solidarité est par lui-même exclusif de l'idée de division.

Mais il doit en être de même quand les cautions se sont obligées solidairement avec le débiteur principal; l'article 2021, qui prévoit ce cas, n'en fait résulter explicitement que la renonciation au bénéfice de discussion, mais la fin de cet article nous dit que l'engagement de la caution solidairement obligée doit se régir par les principes établis pour les dettes solidaires, c'est-à-dire que la caution doit pouvoir être contrainte à payer par des moyens aussi énergiques qu'un débiteur solidaire, et la division entrave l'action du créancier, l'oblige à multiplier ses poursuites, retarde son paiement.

Cependant, si au point de vue du bénéfice de division le résultat est le même, que les fidéjusseurs s'obligent solidairement entre eux ou solidairement avec le débiteur principal, il y a des différences à d'autres égards. Quand les cautions se sont obligées solidairement entre elles, elles ont bien renoncé au bénéfice de division[1], mais non à celui de discussion[2]; si elles se sont obligées non-seulement entre elles, mais avec le débiteur principal, elles ont renoncé tout à la fois au bénéfice de division et à celui de discussion.

Les cautions judiciaires dans l'ancien Droit n'avaient pas le bénéfice de division; c'était l'opinion de Basnage reproduite par Pothier (*Obligations*, n° 416). Nous n'appliquerons pas cette règle aujourd'hui par la raison que le législateur qui, dans l'art. 2042, refuse aux cautions judiciaires le bénéfice de discussion, n'a pas parlé de celui de division : il a donc voulu, sur ce point, laisser subsister le droit commun.

---

1. Ponsot, n° 209; — Dur., n°s 343 et 345.

2. MM. Ponsot, n° 209; — Duranton, n° 343; — Troplong, n° 301; — Dalloz, v° *Cautionn.*, n° 210, professent la doctrine opposée.

Nous nous rallions à leur opinion s'il est évident que les cautions ont voulu renoncer au bénéfice d'ordre; si, par exemple, les diverses cautions se sont engagées successivement par des actes séparés.

Pothier (*Obligations,* n° 416), d'après le Droit romain, refusait également ce bénéfice aux cautions qui avaient de mauvaise foi nié leur obligation : *Inficiantibus auxilium divisionis non est indulgendum.* (Loi 10, § 1, *De fidej.,* D.) C'était là une disposition rigoureuse et pénale du Droit romain et de notre ancien Droit. Le Code ne l'a pas reproduite ; dans le silence de la loi il ne faut pas l'appliquer.

Ajoutons, en terminant sur ce point, avec Pothier (*Obligations,* n° 417), que non-seulement les cautions, mais leurs héritiers peuvent user de ce bénéfice, et que le certificateur de la caution, pouvant opposer les mêmes exceptions que la caution, peut demander la division de la dette entre lui et les cofidéjusseurs qu'il a certifiés [1].

SECTION II. — ENTRE QUI L'ACTION DU CRÉANCIER
DOIT ÊTRE DIVISÉE.

Les personnes entre lesquelles la caution demande que la dette se divise doivent être des cofidéjusseurs solvables d'un même débiteur et d'une même dette (art. 2025 et 2026). De cette formule découlent deux règles qui dominent toute la matière : la première, c'est que la division ne se fait qu'entre les fidéjusseurs d'un même débiteur pour la même dette ; la seconde, c'est qu'elle ne se fait qu'entre cofidéjusseurs solvables.

Voyons quelles sont les conséquences de ces deux règles.

---

1. M. Duranton soutient que, pour que le bénéfice de division puisse être invoqué par la caution poursuivie, il faut qu'elle se soit engagée par le même acte que ses cofidéjusseurs. Mais il est bien difficile d'entendre en ce sens le texte des art. 2025 et 2026. (M. Ponsot, n° 214.)

Première Règle. — *La division ne se fait qu'entre les fidéjusseurs d'un même débiteur pour la même dette.*

De là il résulte que s'il n'y a qu'une caution et un certificateur, le bénéfice de division ne peut être invoqué ni par l'un ni par l'autre, car ils n'ont pas cautionné le même débiteur; d'ailleurs comment la caution pourrait-elle diriger des poursuites contre le certificateur? Elle est à son égard débiteur principal et lui doit garantie. Le certificateur, de son côté, ne peut pas davantage demander la division, car la caution ne peut pas demander la division entre elle et le débiteur principal, et la caution qu'il a certifiée est pour lui un débiteur principal. Par ce même motif, le certificateur peut demander la discussion de la caution et peut aussi, mais du chef de celle-ci, renvoyer le créancier discuter le débiteur principal; la caution a ce bénéfice et son certificateur ne doit pas être tenu plus rigoureusement qu'elle (art. 2013).

Voici une autre conséquence de la même règle. Primus et Secundus, débiteurs principaux, se sont obligés solidairement; ils ont donné chacun un fidéjusseur. Primus s'est fait cautionner par Pierre, Secundus par Paul; Pierre et Paul ne peuvent pas demander la division entre eux, car ils n'ont pas cautionné le même débiteur, et c'est une des conditions prescrites par l'art. 2025. Nous avons déjà vu cette décision en droit romain dans la loi 51, § 2, *De fidej.*, D.; nous la trouvons également dans Pothier (*Obligations,* nº 419)[1].

---

[1]. M. Ponsot, nº 213; — *Contra :* M. Troplong, nº 306.

·Deuxième Règle. — *La division n'a lieu qu'entre les cofidéjusseurs solvables.*

L'art. 2025 établit que les cautions qui sont intervenues pour le même débiteur et pour la même dette sont tenues chacune au paiement de toute la dette. Le bénéfice de division établi par l'art. 2026 ne détruit pas complétement cette obligation *in solidum,* car la caution qui l'invoque doit supporter contributoirement avec les autres fidéjusseurs solvables la part des insolvables. L'art. 2026, 2ᵉ alinéa, nous dit : « Lorsque, dans le temps où une des cautions a fait prononcer la division, il y en avait d'insolvables, cette caution est tenue proportionnellement de ces insolvabilités. » Si donc parmi les cautions, il y en a dont l'insolvabilité est notoire au moment où l'exception de division est opposée à l'action du créancier, la part contributoire de celles qui sont solvables devra se calculer comme si elles avaient toujours été seules. C'est là une grande différence entre cette division et celle qui a lieu entre les codébiteurs simplement conjoints; quand il s'agit de codébiteurs conjoints, l'insolvabilité est à la charge du créancier.

Mais si, parmi les cautions, il y en avait qui, sans être notoirement insolvables, sont d'une solvabilité douteuse, le tribunal devant lequel le bénéfice de division est invoqué doit-il refuser de diviser l'action jusqu'à ce que la caution qui réclame la division ait prouvé la solvabilité de ses cofidéjusseurs ? Non ; le tribunal ne peut pas refuser la division : l'art. 2026 en donnant à la caution le bénéfice de division n'y a pas mis cette condition, qu'elle prouve la solvabilité de ses cofidéjusseurs. Dès qu'elle offre sa part dans la dette, elle peut demander qu'avant faire droit aux conclusions du créancier pour le surplus, celui-ci discute les cautions dont la solvabilité est douteuse. Et même, il faut le remarquer, la caution est mieux traitée ici qu'en ce qui concerne le bénéfice de discussion ; elle n'a pas à indiquer les biens à discuter, ni à faire l'avance des frais de poursuites. Nulle disposition dans la loi n'a reproduit les exigences de l'art. 2023. Seulement, dans cette hypothèse, si les biens des cautions discutées ne produisent pas une somme suffisante pour désintéresser le créancier et l'indemniser des frais de poursuites, ce créancier reviendra contributoirement contre les cautions solvables, les recherchera, dit l'art. 2026, pour se faire payer de sa dette et rembourser les frais occasionnés par la discussion.

Ainsi que le remarquait déjà Pothier (*Obligat.*, n° 420), il est bien entendu qu'il faut considérer comme solvables les cautions qui, ne l'étant pas par elles-mêmes, ont des certificateurs solvables.

La division, ainsi que nous venons de le voir, n'a lieu qu'entre les cautions solvables ; mais à quel moment faut-il que cette solvabilité existe ? En droit romain, c'était lors de la *litis contestatio ;* cette époque n'ayant plus chez nous la même importance que dans la législation romaine, il faut en fixer une autre. L'art. 2026, 2ᵉ alinéa, prescrit que la solvabilité doit exister dans le temps où la caution a fait prononcer la division. Les termes de cet article peuvent donner lieu à quelque difficulté d'interprétation.

Si l'on s'en tient rigoureusement à la lettre de la loi, il semble que la solvabilité doive exister au jour où le jugement est rendu : ce serait là une dérogation inexplicable au droit commun. La règle est qu'on place toujours le demandeur dans la même situation que si le jugement avait été rendu le jour même de la demande, c'est-à-dire que l'on fait rétroagir le jugement au jour de la demande ; il ne faut pas que les lenteurs de la procédure, qui souvent tiennent à la mauvaise foi du défendeur, nuisent au demandeur. Il doit en être de même ici ; le jugement doit être réputé rendu au moment où l'exception a été proposée : il ne faut pas que les mauvaises chicanes du créancier nuisent à la caution [1].

Doit-on assimiler à l'insolvabilité cette circonstance que la caution, avec qui la division est demandée, est domiciliée à l'étranger, ce qui rend plus difficiles les poursuites dirigées contre elle ? Cette question était débattue dans l'ancien droit. Papon et Pothier (*Obligat.*, n° 423) soutenaient qu'il fallait traiter cette caution comme insolvable, et que l'autre caution poursuivie par le créancier ne pouvait pas demander la division avec elle ; ils partaient de cette idée que le bénéfice de division étant une faveur, il ne faut l'accorder à la caution que si le créancier n'en souffre pas trop.

Nous pensons qu'il faut résoudre cette question par une distinction. Si la personne domiciliée à l'étranger a des biens en France, la division peut être demandée, car

---

1. *Contra :* Pothier, n° 427 ; — M. Troplong, n° 309.

l'art. 2024 ne refuse le bénéfice de division que dans le cas d'insolvabilité, et il ne faut pas facilement étendre cette restriction d'un cas à un autre. Mais si l'étranger n'avait rien en France, on pourrait le considérer comme insolvable, même s'il avait dans son pays des biens considérables ; il ne faut pas, en effet, forcer le créancier à subir les difficultés de la procédure longue, dispendieuse, souvent insoluble des pays étrangers. La solvabilité que la loi considère est la solvabilité en France. Si le créancier a exigé l'intervention d'une autre caution, c'est que la garantie résultant du cautionnement de cette personne domiciliée à l'étranger ne lui a pas paru suffisante[1].

Que décider dans le cas où deux personnes ayant cautionné la même dette et le même débiteur, l'une d'elles est capable, l'autre incapable ? Celle qui est capable pourra-t-elle demander la division ? Cette question était traitée par les jurisconsultes romains, et Papinien, nous l'avons vu, la tranchait par une distinction : « La personne avec laquelle je me suis obligé comme caution était-elle incapable de contracter une pareille obligation, telles toutes les femmes, d'après le sénatus-consulte Velléien, moi, qui me suis valablement engagé, je ne puis pas invoquer le bénéfice de division *quum scire potuerim aut ignorare non debuerim mulierem frustra intercedere.* » (Loi 48, *De fidej.*)

Il en était tout différemment, d'après le Droit romain, lorsque je m'étais rendu caution avec un mineur de

---

1. M. Troplong, 312.

vingt-cinq ans qui, par la suite, se faisait restituer contre son obligation ; je n'étais tenu du total de la dette que si j'avais d'abord contracté seul le cautionnement, sans compter sur le mineur, qui ne s'est rendu caution qu'après moi pour la même personne ; mais si nous nous sommes portés cautions en même temps, la restitution qu'il obtient contre son obligation ne me charge pas seul de toute la dette, car je me suis attendu à le voir payer avec moi. (Loi 48, § 1, *De fidej.*)

On ne saurait introduire une semblable distinction dans notre Droit français, car si le fidéjusseur a pu prévoir l'insolvabilité, il a pu plus facilement encore prévoir la restitution. On ne peut pas dire que le créancier, en recevant le cautionnement du mineur, a voulu prendre ce risque à sa charge ; car, s'il ne s'est pas contenté de l'intervention de ce mineur et s'il a exigé qu'on lui adjoignît une autre caution, c'est qu'il a voulu une garantie contre la restitution possible. Nous pensons donc qu'il faut dire : incapacité vaut insolvabilité, et c'était déjà la solution que Pothier (*Obligations*, n° 424) donnait à cette question.

Mais cette nullité de l'obligation du cofidéjusseur peut donner lieu à une contestation entre le créancier et la caution, l'un prétendant qu'elle existe, l'autre qu'il n'y a pas nullité ; la rescision de l'obligation du mineur n'est pas encore prononcée, n'est pas encore demandée ; la caution dont l'obligation est inattaquable peut-elle, dans ce cas, demander la division entre elle et son cofidéjusseur dont l'obligation est annulable ? Nous pensons qu'elle le peut, car il y a la plus grande analogie entre ce cas et celui où la solvabilité est douteuse : l'obligation de l'incapable peut être maintenue, l'incapable peut renoncer à se prévaloir de la cause de nullité. Mais les tribunaux qui prononcent la division ne peuvent l'ordonner que provisoirement, car si plus tard l'obligation de l'incapable est rescindée, le créancier pourrait certainement revenir contre celui qui a obtenu de ne payer que sa part.

Lorsque les différentes cautions ne se sont pas obligées toutes sous la même modalité, les unes purement et simplement, les autres à terme ou sous condition, celles qui se sont obligées purement peuvent toujours demander que l'action du créancier soit divisée entre elles et les cofidéjusseurs obligés à terme ou sous condition. (Loi 27, *De fidej.*, D.) Mais ici encore les effets de la division ne sont que provisoires, car si, plus tard, la condition mise au cautionnement des autres venait à défaillir ; si, à l'échéance du terme ou à l'arrivée de la condition, la caution à qui on n'a rien pu demander jusque-là par suite de ce terme ou de cette condition, est devenue insolvable, le créancier aura recours contre celle qui, ayant obtenu la division, a été admise à ne payer provisoirement que sa part.

L'accomplissement des conditions que nous avons énumérées ci-dessus suffit-il pour que la caution obtienne le bénéfice de division, ou faut-il encore cette autre condition que le cautionnement ait été donné conjointement ?

M. Duranton le soutient et fait valoir, à l'appui de son système, les arguments suivants : Quand deux personnes ont cautionné le même débiteur et la même dette par des actes séparés, on ne peut pas prétendre que la première caution est intervenue en vue du cautionnement fourni par l'autre, et c'est là ce qui justifie le bénéfice de division. Ce n'est pas tout : l'art. 2026 lui-même suppose un cautionnement donné par plusieurs personnes conjointement. La première caution, ajoute l'auteur que nous citons, a été obligée *in solidum*, et l'étendue de son obligation ne doit pas être diminuée par la circonstance qu'ensuite une autre personne a cautionné la même dette. Telle n'a pas été l'intention du créancier, qui a voulu avoir une sûreté de plus.

L'opinion contraire de M. Delvincourt nous paraît préférable. Et d'abord, comme le fait remarquer M. Ponsot[1], l'art. 2025, qui établit que toutes les cautions du même débiteur pour une même dette sont obligées *in solidum*, ne distingue pas si elles se sont portées cautions conjointement ou non. Puis, dans l'art. 2026, le législateur établit le bénéfice de division : « Néanmoins, dit-il, chacune d'elle peut, à moins qu'elle n'ait renoncé au bénéfice de division, exiger que le créancier divise préalablement son action... » Il est évident, le mot *néanmoins* l'indique, que ce bénéfice est accordé aux personnes dont il est parlé dans l'art. 2025 ; la loi ici encore ne suppose pas de cautionnement donné conjointement.

On peut encore, en faveur de cette seconde opinion, argumenter de l'art. 2033. Si, dans notre hypothèse, la caution intervenue la première ne pouvait pas demander

---

1. *Traité du cautionn.*, n° 214.

la division, elle ne pouvait pas non plus, après avoir payé, exercer de recours contre celles qui sont intervenues après elle, et cependant l'art. 2033, qui accorde ce recours à la caution, ne distingue pas si elle est intervenue avant ou après les autres. L'intervention de la seconde caution est pour la première un événement heureux : c'est comme si l'insolvabilité du débiteur avait cessé.

Enfin, quel est le motif du bénéfice de division ? Ce n'est pas, comme paraît le supposer le système que nous combattons, que la caution en contractant a dû compter sur ce bénéfice, ni qu'elle en a fait la condition tacite de son engagement. Ce motif est, en réalité, la cause favorable du cautionnement, et cette cause est aussi favorable que les cautions soient intervenues conjointement ou par actes séparés. Il y a encore un autre motif : c'est la nécessité d'épargner les frais en prévenant les recours que les cautions exerceraient les unes contre les autres. Cela ne cause aucun préjudice au créancier, puisque la division ne se fait qu'entre les cautions solvables.

En nous fondant sur les raisons que nous venons de donner, nous admettons que la caution intervenue en second lieu pourra demander la division, quand même le second acte ne rappellerait pas le premier.

SECTION III. — A QUEL MOMENT L'EXCEPTION DE DIVISION
DOIT ÊTRE OPPOSÉE.

La caution doit invoquer le bénéfice de division, et le juge ne peut pas le suppléer d'office. Il se peut, en effet, que l'autre fidéjusseur soit insolvable et que ce soit à dessein que celui qui est actionné n'oppose pas cette exception ; il sait qu'elle aurait pour résultat unique de constater l'insolvabilité du fidéjusseur et de faire des frais en pure perte.

En traitant du bénéfice de discussion, le législateur a pris soin de dire qu'il devait être opposé sur les premières poursuites ; mais il n'a rien dit de semblable relativement au bénéfice de division ; il n'a pas fixé l'époque à laquelle ce bénéfice devait être invoqué ; que faut-il en conclure ? Il faut en conclure qu'il a voulu suivre l'opinion qui avait fini par triompher dans l'ancienne jurisprudence et qui était admise par Pothier (*Obligat.*, n° 425), opinion d'après laquelle l'exception de division pouvait être opposée en tout état de cause. On s'appuyait, dans l'ancien Droit, pour le décider ainsi, sur la loi 10, § 1, *De fidej.*, C., mal interprétée, comme l'a démontré la découverte du manuscrit de Gaïus ; mais, quel que soit le sens de ce fragment, les rédacteurs du Code devaient l'interpréter comme Pothier ; rien dans la discussion n'indique qu'ils aient voulu abandonner sa doctrine ; il est donc probable qu'ils ont entendu que le bénéfice de division pourrait être invoqué en tout état de cause.

Cependant quelques auteurs soutiennent que la caution doit l'opposer, comme le bénéfice de discussion, sur les premières poursuites dirigées contre elle, et ils se fondent sur les termes de l'art. 2026, d'après lequel chaque caution peut exiger que le créancier divise *préalablement* son action. Selon ces auteurs, le sens de cet article est que la caution doit exiger *préalablement*, c'est-à-dire avant toute poursuite dirigée au fond contre elle par le créancier, que celui-ci divise son action.

Nous ne saurions admettre cette interprétation de l'article 2056, car, dans cet article, le mot *préalablement* se rapporte au verbe *diviser* et non au verbe *exiger* ; et, dans le système que nous combattons, au lieu de lire : *diviser préalablement*, on lit : *exiger préalablement;* et encore, dans ce système, est-on obligé d'ajouter ces mots : *à toute poursuite au fond.* Mais ce n'est plus là interpréter la loi, c'est la faire, et, nous le répétons, rien dans la discussion n'indique qu'on ait voulu abandonner l'opinion de Pothier, qui établit longuement, au n° 425 de son *Traité des obligations*, que la caution peut opposer le bénéfice de division tant qu'un jugement ne l'a pas condamnée à payer le tout.

Ainsi, la caution peut opposer le bénéfice de division en tout état de cause, c'est-à-dire tant qu'il n'a pas été rendu contre elle un jugement en dernier ressort ou passé en force de chose jugée, la condamnant à payer le tout[1] ; bien certainement, le jugement qui déclarerait que le cautionnement est valable, ne mettrait pas obstacle à ce que ce bénéfice pût être invoqué.

Au reste, bien que les cautions puissent s'en prévaloir en tout état de cause, elles ont intérêt à le faire le plus tôt possible ; car tant qu'elles ne l'ont pas opposé, les insolvabilités des autres cautions restent à leur charge,

---

1. M. Boitard, *Leçons sur la procédure civile,* n° 411.

tandis qu'une fois la division demandée, l'insolvabilité de leurs coobligés est à la charge du créancier ; leur intérêt est garant que cette exception ne sera pas trop retardée.

Les poursuites peuvent être extrajudiciaires. Le créancier muni d'un titre exécutoire n'a pas besoin de s'adresser à la justice, il dirige directement des poursuites contre la caution ; celle-ci, tant qu'elle n'a pas payé et qu'elle n'a pas d'ailleurs renoncé au bénéfice de division, peut demander à ne payer que sa part[1].

Quelques auteurs n'admettent pas cette opinion ; ils prétendent qu'il ne faut pas aller aussi loin et disent que la caution peut bien demander la division jusqu'à la vente de ses biens exclusivement, mais qu'après la vente elle ne le peut plus, et le motif qu'ils en donnent est que ce serait jeter le créancier dans des longueurs maintenant sans objet pour la caution elle-même[2]. On raisonne ici comme s'il s'agissait du bénéfice de discussion. C'est à tort, suivant nous. Le bénéfice de division diffère, en effet, de celui de discussion, en ce qu'il n'a pas comme ce dernier pour but de faire échapper la caution aux poursuites. Si la caution a laissé saisir et vendre ses biens, en peut-on conclure qu'elle ait voulu renoncer à son bénéfice ? Non, car, quand même la division aurait été prononcée, elle aurait sa part à payer, et les poursuites ne seraient point arrêtées.

Le créancier ne saurait se plaindre de la longueur des poursuites qu'il a dû exercer pour obtenir le paiement d'une partie seulement de la dette, car ces poursuites sont

----

1. MM. Troplong, n° 298 ; — Dalloz, 206 ; — Ponsot, 222.
2. Duranton, n° 348.

aussi longues, qu'il s'agisse pour lui d'obtenir le paiement d'une partie de la dette ou la totalité.

Enfin, il est inexact de prétendre que, même après la vente de ses biens, la caution n'a plus d'intérêt à ce que la division ait lieu. Elle y a, au contraire, un très-grand intérêt, car si elle paie la totalité de la dette, elle aura bien, il est vrai, un recours contre les autres cautions, mais il lui est plus commode de ne payer que sa part et de ne pas avancer des fonds pour une dette qui ne doit pas, en définitive, rester à sa charge ; en effet, même en supposant que les cofidéjusseurs soient solvables, il y a toujours la nécessité de recours qui entraînerait des longueurs et des difficultés. D'un autre côté, elle court des risques : si ses cofidéjusseurs sont devenus insolvables depuis le paiement qu'elle a fait de la totalité, cette insolvabilité demeure à sa charge, tandis que, si la division avait eu lieu, la perte serait pour le créancier.

La caution peut-elle, avant toute poursuite judiciaire ou extrajudiciaire dirigée contre elle par le créancier, offrir à celui-ci de payer divisément sa part de la dette cautionnée et le forcer à la recevoir? Non, elle ne le peut pas. M. Chabot l'a dit dans son rapport au Tribunat : « La division ne peut être demandée qu'après que l'action a été formée par le créancier, et jusqu'à ce qu'elle soit demandée, toutes les cautions restent responsables des insolvabilités de chacune d'elles. » (*Fenet,* t. XV, p. 55.) Le motif de cette décision est le suivant : Si la caution pouvait forcer le créancier à recevoir divisément sa part sans être poursuivie, cela pourrait causer un grave préjudice à ce créancier qui, en poursuivant le débiteur principal, pourrait exiger son paiement intégral et qui pourrait même l'exiger des autres cautions, si elles avaient renoncé au bénéfice de division ou ne l'invoquaient pas. Cette décision est conforme à l'ancien Droit dont le Code ne paraît pas avoir voulu s'écarter, et elle s'explique d'autant mieux qu'elle ne cause aucun préjudice à la caution, qui a un moyen facile d'éviter les conséquences fâcheuses que peut avoir pour elle l'inaction du créancier. Elle peut, en effet, en payant la dette après l'époque de l'exigibilité, agir en indemnité, soit contre le débiteur principal, soit contre les autres cautions. Elle a même une autre ressource : c'est de forcer le débiteur à payer ou à lui rapporter sa décharge [1].

SECTION IV. — EFFETS DE LA DIVISION OPÉRÉE SUR LA DEMANDE DE LA CAUTION OU SPONTANÉMENT PAR LE CRÉANCIER.

Le bénéfice de division a pour effet de faire prononcer par le juge la division de la dette entre toutes les cautions solvables, et de restreindre, par ce moyen, la demande formée contre le fidéjusseur qui a opposé la division à sa part seulement. De plus, depuis que la division de la dette a été prononcée, si l'un des fidéjusseurs entre qui la dette a été divisée devient insolvable, cette insolvabilité retombera non plus sur les cofidéjusseurs solvables, comme cela aurait eu lieu avant la division, mais sur le créancier ;

---

1. Pothier, 535 ; — Delvincourt, t. III ; — MM. Troplong, n° 299 ; — Ponsot, p. 246.

c'est là l'effet capital du bénéfice de division ; il est signalé par l'art. 2026 en ces termes : « Lorsque, dans le temps où une des cautions a fait prononcer la division, il y en avait d'insolvables, cette caution est tenue proportionnellement de ces insolvabilités ; mais elle ne peut plus être recherchée à raison des insolvabilités survenues depuis la division. »

Pothier (*Obligat.*, n° 426) traite la question suivante : Deux personnes se sont portées cofidéjusseurs ; mais l'une d'elles a payé une partie de la dette sans que la quittance ait imputé spécialement sur sa part ce paiement partiel ; chacune des cautions, avant la division demandée, étant tenue *in solidum*, ce qu'elle a payé devra s'imputer sur la totalité de la dette, et non sur sa part, et, si plus tard cette caution est poursuivie et demande la division, elle devra payer sa part virile de ce qui reste dû. C'était la décision de Papinien. (Loi 51, §1, *De fidej.*, D.) Mais cette disposition, quoique conforme à la rigueur des principes, est bien dure pour la caution, et la même loi y apporte un tempérament ; il est plus équitable de donner à ce fidéjusseur la faculté d'imputer ce qu'il a déjà payé sur la part dont il est tenu, quand son cofidéjusseur est solvable. Cette doctrine devrait encore être admise dans notre Droit.

Jusqu'ici, nous avons supposé que la division était prononcée par la justice sur la demande de la caution ; supposons maintenant, avec l'art. 2027, que le créancier ait lui-même volontairement divisé son action, et voyons quels sont les effets de cette division. L'art. 2027 est ainsi conçu : « Si le créancier a divisé lui-même et volontairement son action, il ne peut revenir contre cette division, quoiqu'il y eût, même antérieurement au temps où il l'a ainsi consentie, des cautions insolvables. » C'est la reproduction de la loi 16, C., *De fidej.*

Il résulte de cette disposition que la division opérée spontanément par le créancier est beaucoup plus avantageuse pour la caution que celle qui est prononcée judiciairement sur la demande de cette caution, et cela à plusieurs points de vue :

1° Le créancier prend à sa charge l'insolvabilité des autres cautions, même antérieure à la division volontaire opérée par lui; si, au contraire, la division est prononcée en justice, les insolvabilités postérieures sont bien à la charge du créancier, mais celles qui sont antérieures retombent sur les cautions solvables ;

2° La division volontairement consentie par le créancier s'opère même au profit de celui qui a renoncé à ce bénéfice;

3° Enfin, si le créancier qui a un fidéjusseur incapable et un autre capable, a consenti sans aucune réserve à la division de son action, il prend sur lui le préjudice qui peut résulter de l'incapacité. (Pothier, *Obligations,* n° 424.)

Une question s'élève sur cet art. 2027. Est-il nécessaire, pour que le créancier soit considéré comme ayant divisé son action, que celle des cautions contre qui il a formé une demande pour sa part seulement, ait acquiescé à cette demande, ou qu'il soit intervenu contre elle un jugement de condamnation ? Jusque-là, le créancier ne peut-il pas revenir sur ses pas et rectifier ses conclusions en lui demandant le tout ?

Il n'y a aucune difficulté quand les cautions se sont engagées solidairement; l'art. 2021 dit que leur engagement se règle par les principes établis pour les dettes solidaires; l'art. 1211 est donc applicable, et, aux termes de cet article, tant que le débiteur solidaire n'a pas acquiescé à la demande, ou n'a pas été condamné, le créancier peut revenir sur ses pas et former contre lui une demande pour le tout.

Que faut-il décider quand les cautions ne sont pas obligées solidairement? L'art. 2027 se contente d'une simple division opérée par le créancier lui-même. Or, former contre la caution une demande pour sa part, n'est-ce pas diviser son action? L'article ne suppose pas que la division est opérée par un contrat entre le créancier et les cautions.

Cette distinction entre le cas où les cautions se sont obligées solidairement et celui où elles n'ont pas contracté une obligation solidaire, se justifie facilement. On conçoit que la loi présume plus difficilement la renonciation du créancier à la solidarité stipulée qu'au droit de poursuivre chaque caution *in solidum*. Quand le créancier a stipulé que les cautions s'obligeraient solidairement, il a montré qu'il attachait une grande importance au droit de poursuivre chacune d'elles pour le tout; il ne doit pas être présumé facilement y avoir renoncé; s'il n'a pas stipulé de solidarité, ce motif n'existant plus, l'art. 1211 ne s'applique pas; le bénéfice de division est éminemment favorable[1].

---

1. Duranton, n° 347; Ponsot, n° 126; — Troplong, n° 320; — Zachariæ, t. III, p. 161.

Cette division opérée par le créancier n'a d'effet qu'à l'égard de la caution à qui il a demandé sa part seulement ou qui la lui a payée de gré à gré; mais à l'égard des autres cautions contre lesquelles il n'a pas formé de demande, son action reste entière: il peut leur demander la totalité de la dette, déduction faite de la part de celle qu'il a poursuivie, sauf à ces cautions à lui opposer le bénéfice de division si elles n'y ont pas renoncé.

CHAPITRE III

Du bénéfice de subrogation

La caution qui paie, éteint complétement, en principe, la dette du débiteur principal ; mais alors naît à son profit, contre ce débiteur, une action en recours qui a pour cause soit un contrat de mandat, soit un quasi-contrat de gestion d'affaires.

En effet, lorsque la caution est intervenue sur la demande du débiteur, ou au vu et au su de ce débiteur, elle est considérée comme ayant reçu de lui mandat de s'obliger et de payer ; le paiement par elle fait n'est que l'exécution de ce mandat, et, comme mandataire, elle a l'action *mandati contraria* pour se faire indemniser du préjudice qu'elle éprouve. Si, au contraire, cette caution s'est obligée à l'insu du débiteur, elle est considérée comme *negotiorum gestor*, et pour se faire rembourser les dépenses que lui a causées la gestion, elle a l'action *negotiorum gestorum contraria*.

L'article 2028 établit cette action en recours et en détermine les limites ; il porte : « La caution qui a payé a son recours contre le débiteur principal, soit que le cautionnement ait été donné au su ou à l'insu du débiteur. Ce recours a lieu tant pour le principal que pour les intérêts et les frais ; néanmoins, la caution n'a de recours que pour les frais par elle faits depuis qu'elle a dénoncé au débiteur principal les poursuites dirigées contre elle. Elle a aussi recours pour les dommages-intérêts, s'il y a lieu. » Cet article, dans l'explication duquel nous n'avons pas à entrer, donne donc à la caution une action en recours, mais dépourvue des gages, priviléges, hypothèques, etc., qu'avait le créancier, par conséquent inefficace en cas d'insolvabilité du débiteur. Cependant la caution est digne de faveur ; aussi avons-nous vu les jurisconsultes romains lui accorder le bénéfice de cession d'actions et lui permettre ainsi d'exercer l'action du créancier avec toutes les garanties accessoires qui y étaient jointes ; nous avons vu que ces jurisconsultes considéraient le paiement fait par la caution non pas comme un paiement véritable ayant pour but et pour effet d'éteindre la créance primitive, mais comme le paiement du prix de la vente que le créancier faisait de ses droits à la caution. Aussi la cession devait-elle être demandée avant que le créancier eût été désintéressé, car, plus tard, la dette primitive étant éteinte, principal et accessoires, la cession était impossible, faute d'objet.

Notre ancienne jurisprudence emprunta au Droit romain ce bénéfice et cette manière d'envisager les choses ; il résultait de là que, dans notre ancien Droit français, comme dans la législation romaine, le bénéfice de cession d'actions devait être invoqué avant le paiement. Ce principe fut admis sans contestation jusqu'au milieu du xvie siècle, époque à laquelle Dumoulin vint soutenir dans sa première leçon, faite à Dôle en 1555, que la caution, après avoir payé sans se faire céder les actions du créancier, pouvait encore demander et obtenir cette cession. Dumoulin partait de cette idée, que la caution ne devait être privée de son bénéfice que si elle y avait renoncé, et disait, avec beaucoup de raison d'ailleurs, qu'une semblable renonciation de sa part ne devait pas s'induire d'un paiement qu'elle n'était pas libre de refuser : « Tunc enim cum solvat ex necessitate... et habeat jus cedendarum actionum, non censetur illud remittere sed renovare, etiam si de hoc in solutione nulla mentio facta sit; quia in necessitatibus nemo liberalis existit. » (Molin., *Opera*, *prima lect,. Dol.*, n° 20.)

Le jurisconsulte allait encore plus loin. Il voulait non-seulement que la cession pût avoir lieu après le paiement, mais que la caution pût agir comme cessionnaire dès qu'elle représentait non pas l'acte de cession, mais le titre de la créance primitive, pourvu toutefois, — et c'était là la seule condition exigée par Dumoulin, — qu'elle l'eût entre les mains, du consentement soit exprès, soit tacite, du créancier obligé à faire la cession. (Molin., *op. citat.*, n° 41.)

Cette doctrine était fort équitable, sans doute; mais Dumoulin, jurisconsulte et non législateur, dut s'appuyer, pour la soutenir, sur le texte des lois romaines. Il entreprit de démontrer que jusqu'à lui ces lois avaient été mal comprises et que la théorie qu'il proposait était celle du Droit romain. Pour cela il était obligé de torturer les textes. Aussi ne persuada-t-il personne, et ses idées ne triomphèrent-elles pas dans la pratique. « Cette opinion de Dumoulin, dit Pothier (*Oblig.*, n° 280), n'a pas prévalu, et l'on a continué d'enseigner dans les écoles et de pratiquer au barreau qu'un codébiteur solidaire, de même que les cautions et tous ceux qui payaient ce qu'ils devaient avec d'autres ou pour d'autres, n'étaient subrogés aux actions du créancier que lorsqu'ils avaient requis la subrogation. »

Deux systèmes se présentaient donc au choix des rédacteurs du Code : celui de Dumoulin, et celui qui avait été constamment suivi dans l'ancien Droit et qui était consacré par la tradition romaine et la tradition française.

N'ayant pas, comme nos anciens auteurs, à se préoccuper des lois romaines et de l'interprétation qu'il fallait leur donner, ils sanctionnèrent le système de Dumoulin, et allèrent même plus loin que lui. En effet, si ce grand jurisconsulte admettait que la cession pouvait avoir lieu même après le paiement; s'il présumait facilement une cession tacite à défaut de volonté exprimée à cet égard, il n'en exigeait pas moins une cession expresse ou tacite, soit avant, soit après le paiement. Les législateurs modernes ont admis que, par la seule force de la loi, et indépendamment de toute cession, la caution qui paierait serait subrogée aux droits du créancier : c'est ce que nous apprend l'art. 1251, 3° : « La subrogation a lieu de plein droit au profit de celui qui, étant tenu avec d'autres ou pour d'autres au paiement de la dette, avait intérêt de l'acquitter » ; et l'art. 2029 : « La caution qui a payé est subrogée à tous les droits qu'avait le créancier contre le débiteur. »

Ainsi, dans notre Droit, la subrogation légale a remplacé l'ancien bénéfice de cession d'actions.

Aux termes des articles 1251, 3° et 2029, la caution qui paie est subrogée aux droits du créancier. La loi ne distingue pas si le paiement est total ou partiel, s'il est volontaire ou forcé. Elle ne distingue pas non plus si la caution s'est engagée en même temps que le débiteur ou plus tard ; si elle est intervenue par son ordre en vertu d'un mandat par lui donné, ou à son insu comme gérant d'affaires.

Une question qui se présente dès qu'on étudie la matière de la subrogation légale, est la suivante : La subrogation transfère-t-elle au subrogé la créance primitive elle-même, ou ne fait-elle que rattacher à la créance de mandat ou de gestion d'affaires du subrogé certaines garanties extrinsèques, accessoires de la créance primitive ?

Sans entrer dans l'examen de cette question, qui est controversée, nous nous bornerons à dire, avec la majorité des auteurs, que c'est l'action même du créancier qui passe au subrogé [1].

Si l'on admet cette opinion, la caution qui a payé a donc deux actions pour se faire indemniser : l'action *mandati contraria* ou *negotiorum gestorum contraria*, qu'elle a de son chef contre le débiteur, et l'action du créancier auquel elle est subrogée.

Mais, avant d'aller plus loin, il faut remarquer, — et

---

1. Val.; — Zacha., Aubry et Rau, t. III, p. 117 ; — Mourlon, t. II, p. 697. *Contra : Bug. sur Poth.,* n°s 439 et 280 ; — Marcadé, art. 1236 ; — Coin-Delisle, *Revue crit.,* 1854, p. 317.

quel que soit le système que l'on adopte, on est d'accord
sur ce point, — que si la créance de mandat ou de gestion d'affaires est plus étendue que l'ancienne créance, la
subrogation n'est jamais acquise à la caution que dans la
limite des droits du créancier[1] ; autrement, la subrogation
pourrait causer aux tiers le plus grave préjudice. La créance
personnelle de la caution peut, en effet, dépasser de beaucoup le montant de la créance primitive : elle peut comprendre non-seulement le capital déboursé, mais des
intérêts des frais, des dommages-intérêts ; si donc la
subrogation avait lieu dans les limites de cette créance,
le débiteur, les créanciers chirographaires, même les
créanciers hypothécaires d'un rang inférieur, seraient
lésés ; ils s'attendaient à voir le créancier leur opposer ses garanties particulières, ses causes de préférence
pour une certaine somme, et la caution viendrait se prévaloir contre eux de ces mêmes garanties, de ces mêmes
causes de préférence pour une somme supérieure. D'un
autre côté, la créance primitive était peut-être de celles
qui s'éteignent par de courtes prescriptions ; elle était peut-
être sur le point d'être prescrite, tandis que la créance
de mandat ou de gestion d'affaires de la caution ne se pres-
crira que par trente ans à dater du paiement par elle effectué. Si la caution pendant tout ce temps pouvait exercer
les droits du créancier ou rattacher à sa créance les accessoires de la créance primitive, ne voit-on pas quel grave
préjudice on causerait au tiers et au débiteur lui-même ?

---

1. M. Troplong, n° 370.

En sens inverse, si l'action de mandat ou de gestion d'affaires était moins étendue que l'action du créancier, la subrogation serait restreinte dans les limites de cette action de mandat ou de gestion d'affaires.

Si, raisonnant d'après l'opinion généralement reçue, nous admettons que la caution peut exercer, soit son action propre, soit l'action du créancier, nous dirons que si la caution agit comme subrogée aux droits du créancier, l'action qu'elle a de son chef est éteinte dans les limites de ce qu'elle obtient, mais subsiste pour tout ce qu'elle contenait de plus que l'action primitive du créancier. Si au contraire la caution commence par intenter l'action qu'elle a de son chef, et parvient à se faire indemniser, l'ancienne créance est éteinte. Si, ayant intenté d'abord son action de mandat ou de gestion d'affaires, elle s'aperçoit que cette action ne lui fera pas obtenir ce à quoi elle a droit, elle peut revenir sur ses pas, abandonner cette action et exercer celle du créancier.

On peut se demander s'il est plus avantageux pour la caution d'agir comme subrogée aux droits du créancier, ou, au contraire, d'intenter son action de mandat ou de gestion d'affaires sans se prévaloir de la subrogation ? On ne saurait ici donner une réponse absolue. Cela dépendra des circonstances.

La subrogation a pour la caution de grands avantages : en cas d'insolvabilité du débiteur, elle lui permet, pour se faire payer, d'invoquer les priviléges, les hypothèques qui assuraient au créancier son paiement ; l'action de mandat ou de gestion d'affaires ne lui aurait fait obtenir qu'un dividende, la subrogation lui procurera peut-être un paiement intégral.

Mais, à d'autres points de vue, l'action *mandati* ou *negotiorum gestorum* est plus utile à la caution :

1° Si le créancier ne pouvait pas demander d'intérêts, la caution, en invoquant la subrogation, ne pourrait pas non plus en demander, tandis que, par son action propre, elle pourra toujours en réclamer.

2° En admettant même que la créance primitive fût productive d'intérêts, la caution qui invoquerait la subrogation pourrait bien réclamer des intérêts, mais seulement dans les limites du taux stipulé par le créancier, et, en tout cas, dans les limites du taux légal, tandis que, par son action de mandat ou de gestion d'affaires, elle pourra réclamer des dommages-intérêts supérieurs au taux légal; c'est ce qui arrivera si, par son défaut de paiement à l'échéance, le débiteur lui a causé un dommage supérieur à l'intérêt de la somme qu'elle a payée, par exemple si elle a subi la contrainte par corps; si, sur les poursuites du créancier, ses biens ont été vendus pour une somme inférieure à leur valeur.

3° L'action du créancier, au moment du paiement, peut être sur le point d'être prescrite, tandis que l'action personnelle à la caution dure trente ans, à partir du paiement fait.

4° La caution qui a fait un paiement partiel a encore intérêt à se prévaloir de l'action qu'elle a de son chef, car alors elle n'a pas à craindre de se voir opposer la maxime : *Nemo contra se subrogasse censetur*, que le créancier pourrait lui opposer si elle invoquait la subrogation.

Nous examinerons successivement ce qui concerne la subrogation :

1° Dans les rapports du créancier et de la caution ;

2° Dans les rapports du débiteur et de la caution ;

3° Dans les rapports des cofidéjusseurs entre eux ;

4° Dans les rapports de la caution et du tiers détenteur de l'immeuble hypothéqué à la dette ;

5° Nous traiterons enfin des questions que fait naître l'article 2037, C. civ.

SECTION Iʳᵉ. — EFFETS DE LA SUBROGATION DANS LES RAPPORTS DU CRÉANCIER ET DE LA CAUTION.

En droit romain et dans notre ancien Droit, le bénéfice de cession d'actions était fondé sur cette considération qu'il y aurait eu mauvaise foi de la part du créancier à retenir des actions qui ne pourraient plus lui servir, mais qui, au contraire, seraient pour la caution de la plus grande utilité. C'est ce que Pothier exprimait en ces termes : « Cette obligation du créancier de céder ses actions est fondée sur cette règle d'équité : qu'étant obligés d'aimer tous les hommes, nous sommes obligés de leur accorder toutes les choses qu'ils ont intérêt d'avoir, lorsque nous pouvons les leur accorder sans qu'il nous en coûte rien. » (*Oblig.*, n° 520.)

La caution n'ayant le bénéfice de cession d'actions que par ce motif que le créancier n'en éprouvait pas de préjudice, ne pourrait évidemment pas s'en prévaloir au détriment des intérêts du créancier ; c'est ce que Dumoulin exprimait dans cette phrase, qui avait fini par devenir une maxime : *Nemo contra se subrogasse censetur.*

Le Code a reproduit cette maxime en matière de subrogation dans l'art. 1252 : « La subrogation établie par les articles précédents a lieu tant contre les cautions que contre les débiteurs : elle ne peut nuire au créancier quand il n'a été payé qu'en partie ; en ce cas, il peut exercer ses droits pour ce qui lui reste dû, par préférence à celui dont il n'a reçu qu'un paiement partiel. »

Appliquons cette règle à une espèce. Primus a prêté à Secundus une somme de 10,000 fr. et, pour garantie de ses droits, reçu une hypothèque et deux cautions, Titius et Mœvius. Titius, actionné par le créancier, invoque le bénéfice de division, paie 5,000 fr. et est subrogé aux droits du créancier dans la limite de ce qu'il a payé ; puis ce même Titius, en vertu de la subrogation, fait saisir et vendre l'immeuble hypothéqué à la dette ; cette vente ne produit que 5,000 fr. Titius subrogé primera-t-il le créancier, ou au moins viendra-t-il en concours avec lui ? Non, le créancier sera payé par préférence de ce qui lui reste dû.

Autre application de l'art. 1252 : La caution subrogée aux droits du créancier peut-elle, comme celui-ci, invoquer le bénéfice de l'action résolutoire, en cas d'inexécution des obligations de la part du débiteur ? Une distinction est nécessaire. La caution a le droit de demander la résolution quand le créancier n'a aucun intérêt à ce que le contrat soit maintenu ; elle n'a pas ce droit quand les intérêts du créancier s'opposent à ce que la résolution du contrat ait lieu.

Ainsi supposons un contrat de vente : la caution a garanti le paiement du prix, elle paie, elle est subrogée aux droits du créancier ; elle peut, sans difficulté, exercer le droit de résolution qu'avait le créancier. Celui-ci, en effet, n'en souffre aucun préjudice[1].

Supposons maintenant qu'au lieu d'une vente, il s'agisse d'un contrat de louage ; la caution a garanti le paiement du prix du bail, elle paie, elle est subrogée aux droits du bailleur. Mais a-t-elle le droit de demander la résiliation du bail ? Évidemment non : le bailleur peut avoir intérêt à ce que le contrat soit maintenu, il a loué un bon prix ; il est vrai que le preneur ne le paie pas ; mais l'intervention de la caution le garantit contre toute chance de perte : on ne doit pas le priver des avantages de son contrat, et c'est ce qui arriverait si le bail était résilié.

Toutefois, il ne faudrait pas exagérer la portée de la règle : *Nemo contra se subrogasse censetur*. Le créancier ne peut réclamer la préférence que lui donne l'art. 1252 que pour le restant de la créance cautionnée et payée en partie par la caution ; il ne peut pas invoquer le bénéfice de cet article pour les autres créances qu'il pourrait avoir contre le même débiteur, mais résultant d'autres titres et renfermant de nouvelles hypothèques[2]. Ainsi le créancier

----

1. M. Mourlon, *Subrog.*, p. 37 et 412 ; — Troplong, n° 273 ; — Ponsot, n° 260.

Amiens, 9 nov. 1825, Dalloz, Alphabét., v° *Cautionn.*, n° 252.

2. Cass., 27 nov. 1832, Dalloz, *Cautionn.*, n° 249.

Primus a prêté au débiteur Secundus une somme de 10,000 fr. ; mais au lieu de les prêter en une seule fois, il a fait deux prêts successifs de 5,000 fr. chacun. Le premier a eu lieu le 15 janvier 1874, sous la double garantie d'un cautionnement et d'une hypothèque sur l'unique immeuble du débiteur, inscrite le même jour ; puis, le 1er juillet de cette même année, a lieu le second prêt, garanti par une hypothèque sur le même immeuble, et l'inscription est prise le même jour. La caution acquitte la première dette ; le débiteur ne paie pas la seconde ; l'immeuble hypothéqué est saisi et vendu à la requête soit de la caution subrogée, soit du créancier. La vente produit une somme de 5,000 fr.; la caution pourra-t-elle se prévaloir de l'hypothèque, première en date, à laquelle elle est subrogée, pour l'opposer au créancier et se faire colloquer, par préférence à lui, sur le prix de l'immeuble qui en était frappé ?

Le créancier, s'appuyant sur l'art. 1252, dira que la caution, en invoquant la subrogation, lui causera un préjudice, car il sera primé par cette caution sur le prix de l'immeuble ; il dira que cela est contraire au motif d'équité qui a fait introduire le bénéfice de cession d'actions auquel le législateur a substitué la subrogation.

La caution, de son côté, répondra avec beaucoup de force qu'en cautionnant elle a compté sur la subrogation, et que si elle avait pensé devoir être privée de cette ressource, elle ne serait pas intervenue. Elle ajoutera que si la subrogation ne doit pas nuire au créancier, ce créancier ne peut pas non plus, par son fait, c'est-à-dire dans l'espèce, en faisant contracter au débiteur de nouvelles dettes, la priver du bénéfice que lui accorde la loi. Elle invoquera l'ancienne jurisprudence ; suivant Renusson, quand on disait que le créancier devait être payé avant le subrogé de ce qui lui restait dû, on entendait parler de ce qui restait dû sur la créance partiellement acquittée et non de ce qui pouvait être dû à un autre titre ; les rédacteurs du Code ne paraissent pas avoir voulu s'écarter de cette doctrine.

Ainsi le créancier qui n'a été payé qu'en partie est autorisé à exercer ses droits par préférence au subrogé pour ce qui lui reste dû sur la créance partiellement acquittée, mais non pour ce qui pourrait lui être dû à d'autres titres.

Enfin, pour terminer ce qui concerne les rapports du créancier et de la caution, nous ajouterons qu'à d'autres égards encore il faut se garder d'exagérer la portée de l'art. 1252. Cet article ne défend pas d'une manière absolue à la caution qui a payé de concourir avec le créancier ; il lui défend seulement de se prévaloir de la subrogation contre ce créancier. L'application de cet article suppose que la créance est garantie par un privilége, une hypothèque, un cautionnement, une sûreté spéciale ; mais si la créance était purement chirographaire, le créancier ne pourrait pas se prévaloir contre la caution de l'article 1252 et se faire payer par préférence ce qui lui reste dû. La caution a, en effet, le droit de faire abstraction de la subrogation et de se présenter comme exerçant son action *mandati* ou *negotiorum gestorum*. Alors, par application des art. 2092 et 2093, elle viendra au marc le franc avec le créancier, qui n'a sur elle aucune préférence. Personne ne pourra la forcer à se présenter comme subrogée, car la subrogation ayant été introduite dans son intérêt, on ne saurait s'en faire une arme contre elle.

SECTION II. — EFFETS DE LA SUBROGATION DANS LES RAPPORTS DE LA CAUTION ET DU DÉBITEUR.

L'art. 2029 indique ces effets : « La caution qui a payé la dette, dit-il, est subrogée à tous les droits qu'avait le créancier contre le débiteur. » La caution exerce donc tous les droits du créancier ; seulement, suivant le système que l'on adopte sur la nature de la subrogation, elle les exerce, soit en les rattachant à sa créance de mandat ou de gestion d'affaires, soit en intentant elle-même l'action du créancier. Dans ce dernier cas, elle se substituerait complétement au créancier qu'elle représenterait, et agirait à son lieu et place contre le débiteur. Du reste, quel que soit le système auquel on s'arrête, nous l'avons déjà dit, la caution ne peut invoquer la subrogation que dans la limite des droits du créancier. Si donc ces droits étaient moins étendus que l'action de mandat ou de gestion d'affaires qu'elle a de son chef, elle ne pourrait pas se prévaloir de la subrogation pour réclamer une somme supérieure à la créance principale.

La subrogation investit la caution de tous les droits qu'avait le créancier contre le débiteur : la formule de la loi est très-générale, elle ne distingue pas entre les sûretés

acquises par le créancier avant l'intervention de la caution
et celles acquises depuis. Dumoulin proposait cette distinction : il voulait que la subrogation eût lieu pour les
droits du créancier acquis antérieurement au cautionnement, mais il refusait à la caution cette subrogation pour
les droits acquis après qu'elle s'était obligée : « Obligatio
cedendi non debet extendi ultra limites qui erant tempore
contractus. » Le motif que donnait Dumoulin à l'appui de
son opinion était que la caution n'était pas intervenue en
considération de ces sûretés qui n'existaient pas encore
lorsqu'elle avait contracté son engagement. Pothier (*Oblig.*,
n° 250) paraît avoir voulu suivre la même doctrine.

Nous ne pensons pas que cette opinion puisse être admise aujourd'hui : elle est en désaccord avec les termes
très-généraux de l'art. 2029 qui subroge la caution à *tous
les droits* du créancier, sans distinguer à quelle époque les
droits ont été acquis[1].

Mais, outre cet argument de texte, il est facile de réfuter
le motif de Dumoulin. Il n'est pas exact de dire que la caution ne s'est engagée qu'en vue des sûretés existantes au
moment du cautionnement; la caution a prévu que le
créancier chercherait à améliorer sa créance, à augmenter
ses garanties par de nouvelles hypothèques, de nouveaux
cautionnements, etc. Elle a facilement prévu que si le
débiteur ne payait pas à l'échéance, le créancier pren-
drait contre lui un jugement emportant hypothèque
judiciaire, voie d'exécution parée; elle a dès lors compté

M. Troplong, 376.

sur ces sûretés, elle les a prises en considération en s'obligeant.

Nous croyons donc que la caution subrogée pourra se prévaloir de tous les priviléges, hypothèques, de tous les droits en un mot qu'avait le créancier lors du paiement, et cela sans distinguer si ces droits ont été acquis avant ou après l'intervention de la caution. Si donc, depuis le cautionnement, le créancier avait stipulé du débiteur une nouvelle hypothèque, avait obtenu contre lui un jugement emportant hypothèque judiciaire et voie d'exécution parée, avait fait intervenir de nouvelles cautions, avait obtenu une garantie quelconque améliorant sa créance, assurant son paiement, la caution pourrait s'en prévaloir.

La caution qui a payé est subrogée à tous les droits qu'avait le créancier contre le débiteur; mais si le créancier, recevant de la caution une partie seulement de ce qui lui est dû, ou même sans rien recevoir, lui remet une quittance, la caution pourra-t-elle invoquer le bénéfice de subrogation contre le débiteur?

Une distinction est nécessaire. Si le créancier, en libérant le fidéjusseur, n'a pas voulu libérer le débiteur; s'il a conservé son action contre celui-ci, il est bien évident que la remise ne peut pas être le point de départ d'une subrogation; comment les droits du créancier pourraient-ils être exercés à la fois et par ce créancier qui les aurait retenus et par la caution qui les aurait acquis en vertu de la subrogation? Que pourrait d'ailleurs demander la caution? elle n'a pas géré l'affaire du débiteur, elle ne l'a pas libéré.

La difficulté commence quand le créancier a donné à
la caution quittance non-seulement du cautionnement, mais
de la dette principale. M. Ponsot, qui a touché la question,
refuse, dans ce cas, au fidéjusseur le bénéfice de la subrogation. Il commence par se proposer une raison de
douter. Si la subrogation transporte sur la tête du subrogé
l'action même du créancier (M. Ponsot admet cette opinion que nous avons nous-même admise), on peut être
tenté d'en conclure que la caution, qui obtient remise de
la dette moyennant le paiement d'une partie de ce qui est
dû, peut réclamer du débiteur, en vertu de la subrogation,
non-seulement le remboursement de ce qu'elle a payé,
mais le montant intégral de la créance primitive. Cependant, il ne s'arrête pas à cette objection, et y répond par
une distinction entre la cession de créance et la subrogation. La cession de créance suppose une spéculation, l'a-
cheteur veut réaliser un bénéfice; il en est tout autrement
en matière de subrogation : la caution ne songe pas à spé-
culer; elle paie parce qu'elle y est forcée; la subrogation
n'a pas pour but de l'enrichir, mais seulement de la garantir contre des chances de perte. De plus, la caution est
mandataire ou gérant d'affaires, et, comme tel, a mission
pour améliorer, si elle le peut, la position du débiteur. Ces
considérations conduisent M. Ponsot à ne permettre à la
caution d'agir comme subrogé aux droits du créancier que
dans la limite de ce qu'elle a déboursé. On pourrait encore, à l'appui de ce système, invoquer les termes mêmes
de l'art. 2029; il suppose que la caution a payé, et, dans
l'espèce, elle n'a pas payé.

Nous ne pensons pas, cependant, qu'il faille admettre cette opinion, et nous croyons qu'on doit permettre à la caution d'invoquer la subrogation aux droits du créancier pour la totalité de la dette, et cela pour plusieurs raisons.

D'abord, on peut reproduire le motif de douter que se propose le système précédent. On peut ajouter que, si on recherche l'intention des parties, si on analyse avec soin les opérations qui ont eu lieu, on arrive à reconnaître que la caution a réellement libéré le débiteur avec ses propres fonds, et en effectuant un paiement intégral. Le créancier a fait remise de la dette à la caution; les choses se sont passées comme si la caution avait payé la dette au créancier, et que celui-ci lui eût rendu les fonds payés en lui en faisant donation, ou bien encore comme si le créancier avait donné à la caution une somme égale au montant de la dette, et que cette caution eût employé cette somme à désintéresser le créancier. Si, en fait, ces traditions n'ont pas eu lieu, c'est dans un intérêt de célérité et de simplification, mais dans l'intention des parties, elles n'en ont pas moins été effectuées : ce sont des traditions consensuelles et nulle part la loi n'a prohibé les opérations de cette nature. Cette observation répond à l'argument que le premier système tire de l'art. 2029.

Mais il y a une considération qui donne à notre système la sanction de l'équité : c'est que si le fidéjusseur n'était pas subrogé au créancier dans l'hypothèse qui nous occupe, la libéralité faite par le créancier profiterait au débiteur plutôt qu'à la caution.

Cependant, dit M. Ponsot, la subrogation n'a pas pour

but d'enrichir la caution, mais de la protéger contre des chances de perte. C'est vrai, mais ici la caution est exposée à une chance de perte, elle est exposée à perdre le bénéfice pécuniaire qu'avait voulu lui procurer le créancier. M. Ponsot ajoute que la caution comme mandataire ou gérant d'affaires a mission pour améliorer la position du débiteur. C'est encore vrai, mais elle ne peut pas être tenu de l'améliorer, en renonçant à la libéralité que lui a faite le créancier.

Une autre question analogue à celle que nous venons d'examiner, est celle de savoir ce qu'il faudrait décider dans le cas où la caution a, du consentement du créancier, payé le capital d'une rente qui n'était pas encore remboursable : le débiteur peut-il la contraindre à recevoir immédiatement le remboursement du capital de cette rente?

Nous donnerons ici, et en nous appuyant sur les mêmes arguments, une solution analogue à la précédente, et nous croyons que, dans l'espèce, le débiteur principal devra suivre la loi de son contrat et ne pourra pas forcer la caution à lui communiquer le bénéfice de la remise du terme. Nous observerons en outre que cette opinion était celle de Dumoulin, dont l'autorité est si grande en cette matière[1].

Jusqu'ici nous avons supposé qu'il n'y avait qu'un seul débiteur, mais comment les choses se passeront-elles s'il y a plusieurs débiteurs principaux et une caution? Celle-ci, quand elle aura payé, pourra-t-elle, soit comme manda-

---

1. Pothier, *Obligat.*, n° 557; Troplong, n° 375. — *Contra :* Ponsot, n° 259.

taire, soit comme gérant d'affaires, soit comme subrogée, recourir *in solidum* contre chacun des débiteurs principaux?

Nous écartons le cas où les débiteurs sont simplement conjoints; alors, quand bien même la caution les aurait tous cautionnés, elle ne pourrait pas agir *in solidum* contre l'un d'entre eux, et cela, qu'elle se présente, soit comme gérant d'affaires ou mandataire, soit comme subrogée; comme mandataire ou gérant d'affaires, car en payant la part de l'un, elle n'a pas géré l'affaire des autres; comme subrogée, car le créancier n'avait contre chacun des débiteurs conjoints qu'une action divisée; il n'a pu transmettre plus de droits qu'il n'en avait lui-même.

Nous ne parlerons donc que de l'hypothèse où il y a plusieurs débiteurs principaux solidaires et une seule caution. Si la caution les a tous cautionnés, sans aucun doute elle peut recourir contre chacun d'eux *in solidum*, et cela qu'elle invoque ou non la subrogation. L'art. 2030, qui prévoit cette hypothèse, ne distingue pas à quel titre le fidéjusseur exerce son recours : « Lorsqu'il y a plusieurs débiteurs principaux solidaires d'une même dette, la caution qui les a tous cautionnés a contre chacun d'eux le recours pour la totalité de ce qu'elle a payé. » Cette disposition peut se rattacher à la théorie du mandat; d'après l'art. 2002, lorsque le mandataire a été constitué par plusieurs personnes pour une affaire commune, chacune d'elles est tenue solidairement envers lui de tous les effets du mandat; or, le plus souvent, la caution n'intervient que sur le mandat du débiteur; d'autre part, l'affaire dont il s'agit est commune au premier chef à tous les débiteurs, puisqu'ils sont solidaires.

Si cette hypothèse ne présente pas de difficultés, il n'en est pas de même de celle où la caution est intervenue pour un seul des débiteurs solidaires. Ici encore, sans aucun doute, la caution peut recourir *in solidum* contre celui qu'elle a cautionné; elle est subrogée *in solidum* aux droits du créancier contre ce débiteur (art. 2029); mais à l'égard des autres codébiteurs, pour combien peut-elle recourir? Il est certain qu'elle peut demander à chacun d'eux sa part contributoire dans la dette commune, car le débiteur qu'elle a cautionné pourrait, s'il avait payé la totalité, répéter de chacun de ses coobligés cette part contributoire (art. 1214), et la caution doit avoir autant de droits que lui; mais ne pourrait-elle pas demander la totalité à l'un des codébiteurs qu'elle n'a pas cautionnés?

Au premier abord, on pourrait être tenté de croire qu'elle aura ce droit en invoquant la subrogation; car le créancier aurait pu agir *in solidum* contre chacun des débiteurs solidaires, et la caution qui paie est subrogée à tous les droits du créancier.

Nous ne pensons pas cependant qu'elle le puisse, car si le codébiteur qu'elle a cautionné eût payé, il ne pourrait demander à son codébiteur que sa quote-part (art. 1214, C. civ.); il est naturel que la caution n'ait pas plus de droits que lui; il ne faut pas que la position de l'un des codébiteurs soit empirée parce que l'autre s'est fait cautionner, c'est pour lui *res inter alios acta*. On peut aussi tirer en ce sens un argument *à contrario* de l'art. 2030, qui n'accorde à la caution qui a payé l'action solidaire contre chaque débiteur, que dans le cas où elle les a cautionnés tous.

En résumé, le fidéjusseur pourra donc répéter du débiteur qu'il a cautionné la totalité de ce qu'il a payé, et ne pourra demander à chacun des autres codébiteurs que sa quote-part dans la dette[1].

Nous avons, en traitant du bénéfice de discussion, ajourné une question qu'il y a lieu de traiter ici. Il y a deux débiteurs solidaires, Primus et Secundus. L'un d'eux, Primus, a donné une caution, Tertius; Tertius, actionné, peut sans aucun doute renvoyer le créancier à discuter Primus qu'il a cautionné; mais peut-il exiger qu'il discute Secundus? Nous avons ajourné cette question, parce que sa solution dépend du parti qu'on prend sur le point de savoir si le fidéjusseur, qui n'a cautionné que l'un des débiteurs solidaires, peut recourir pour le tout, non-seulement contre celui pour qui il est intervenu, mais aussi contre chacun des autres.

MM. Ponsot et Troplong reproduisent sur cette question l'opinion de Pothier, et disent que la caution est bien fondée à demander la discussion non-seulement de celui

---

1. MM. Ponsot, n° 261 ; Zachariæ ; Troplong, 379.

M. Duranton, n° 355, tout en admettant cette doctrine, fait une exception dans le cas où la caution s'est fait subroger *conventionnellement* aux droits du créancier, en le payant; il pense qu'elle aurait alors action contre chacun des débiteurs pour la totalité de la dette.

On ne saurait admettre cette exception, car il n'y a pas de raison pour attribuer à la subrogation conventionnelle un effet que ne produit pas, de l'aveu de M. Duranton lui-même, la subrogation légale établie en faveur de la caution.

des débiteurs pour qui elle s'est rendue caution, mais même celle des autres, et ils donnent le même motif que Pothier : « On peut dire que celui qui s'est rendu caution pour l'un de plusieurs débiteurs solidaires, est aussi en quelque façon caution des autres, car l'obligation de tous ces débiteurs n'étant qu'une même obligation, en accédant à l'obligation de celui pour qui il s'est rendu caution, il a accédé à celle de tous (Poth., *Obligat.*, n° 412). » Nous avons déjà essayé de réfuter cette proposition de Pothier ; nous pouvons dire qu'il y a une grande différence entre le cas où le fidéjusseur a cautionné un seul des débiteurs solidaires et celui où il les a cautionnés tous. Indépendamment de ce que nous venons de voir relativement à la subrogation et aux limites dans lesquelles elle a lieu, nous avons vu, à propos du bénéfice de division, que la division ne peut avoir lieu qu'entre cofidéjusseurs du même débiteur : il n'est donc pas exact de dire qu'en accédant à l'obligation de l'un, le fidéjusseur a accédé à celle de tous.

La base de ce système venant à manquer, il faut le rejeter et dire que le fidéjusseur peut renvoyer le créancier à discuter Primus qu'il a cautionné, mais non Secundus ; car on ne peut requérir la discussion que contre les personnes contre lesquelles on aurait un recours si on avait payé ; or, dans l'espèce, la caution aurait bien un recours contre Secundus pour moitié de la dette, mais non pour le tout. D'autre part, si Secundus avait payé, il aurait également un recours contre la caution pour moitié. Or, peut-on admettre, d'une part, que si le créancier poursuit le fidéjusseur de Primus, ce fidéjusseur pourra exiger la discussion de Secundus, et, d'autre part, que si Secundus est forcé de payer, il pourra se faire subroger contre ce fidéjusseur?

Il est vrai que si le fidéjusseur de Primus a recours contre Secundus pour moitié de la dette, on pourrait dire qu'il demandera la discussion de Secundus pour moitié de cette dette. Mais nulle part la loi n'a permis de renvoyer à discuter un débiteur pour une partie seulement de la dette, ce serait un bénéfice de division d'une nouvelle espèce non écrit dans le Code; ce serait violer l'art. 1244, en forçant le créancier à recevoir un paiement partiel.

Nous pouvons encore dire que le créancier a le plus grand intérêt à n'être pas obligé de discuter les biens de tous ses débiteurs, discussion longue et difficile, et que, s'il s'est adressé à la caution, c'est que de ce côté, il avait plus de chances d'obtenir promptement son paiement.

Ainsi, la caution de Primus ne pourra pas, suivant nous, renvoyer le créancier à la discussion de Secundus.

SECTION III. — EFFETS DE LA SUBROGATION DANS LES RAPPORTS DES COFIDÉJUSSEURS ENTRE EUX.

Quand plusieurs personnes se sont rendues cautions d'un même débiteur, pour une même dette, elles sont obligées chacune à toute la dette; ce droit rigoureux est tempéré par le bénéfice de division; mais le plus souvent la caution a renoncé à ce bénéfice en s'obligeant. Supposons donc que la caution, soit volontairement, soit forcément, n'ait pas demandé la division et qu'elle ait payé toute la dette, n'aura-t-elle aucun recours contre ses cofidéjusseurs? Le Droit romain, sauf les dispositions de la loi Apuléia, décidait que la caution qui avait payé sans se faire céder les actions du créancier ne pouvait pas recourir contre ses coobligés.

Dans notre ancien droit, cette question se représenta et on accorda au fidéjusseur qui avait payé, une action *negotiorum gestorum* contre les autres : c'était l'opinion de Pothier, qui s'appuyait de l'autorité de Dargentré sur l'article 213 de l'ancienne Coutume de Bretagne, et de l'article 194 de cette coutume réformée[1]. On ne donnait ce recours à la caution que *inspecto effectu*, quand, en faisant sa propre affaire, elle avait fait celle de ses cofidéjusseurs, quand elle les avait libérés de la dette commune. (Pothier, *Obligat.*, n° 445.)

Le Code a également donné à celui des fidéjusseurs qui a payé, un recours contre les autres ; voici ce que porte l'art. 2033 : « Lorsque plusieurs personnes ont cautionné un même débiteur pour une même dette, la caution qui a acquitté la dette, a recours contre les autres cautions, chacune pour sa part et portion ; — mais ce recours n'a lieu que lorsque la caution a payé dans l'un des cas énoncés en l'article précédent. »

Quel est le motif principal du recours que l'art. 2033 accorde à la caution qui a payé? Ce motif est qu'il est

---

1. Voici le texte de l'art. 194 de la *Coutume de Bretagne :* « Il aura recours vers les autres pleges pour leur portion, sans qu'il soit besoin d'avoir autre cession de créancier. »

juste que le paiement soit supporté contributoirement par tous ceux à qui il profite. L'action qu'a la caution contre tous ses cofidéjusseurs est donc une action *negotiorum gestorum* utile ; c'est ainsi que Pothier envisageait les choses, et il est probable que les rédacteurs du Code ont voulu suivre son opinion.

Mais, outre ce recours qu'elle a de son chef, la caution pourra-t-elle invoquer contre ses cofidéjusseurs le bénéfice de la subrogation légale aux droits du créancier ? Nous le pensons, bien que l'art. 2033 ne parle pas expressément de subrogation. Mais, en ne s'expliquant pas sur ce point, cet article comprend aussi bien le cas où la caution invoque la subrogation que celui où elle ne l'invoque pas. Il peut être utile à la caution de se prévaloir de la subrogation contre ses cofidéjusseurs si le créancier avait contre eux des garanties spéciales. Dans d'autres cas, il lui est plus avantageux de ne pas s'en prévaloir, par exemple si le droit du créancier contre eux était sur le point d'être prescrit [1].

Nous examinerons dans cette section les trois points suivants :

1° Contre quels fidéjusseurs peut s'exercer le recours de la caution ;

2° A quelles conditions est soumis le recours de la caution contre ses cofidéjusseurs ;

3° Dans quelle mesure s'exerce l'action en recours de la caution.

---

1. Paris, 26 avril 1838, Dalloz, v° *Cautionn.*, n° 255.

§ 1. — Contre quels fidéjusseurs peut s'exercer le recours
de la caution?

La loi accorde ce recours à la caution qui a payé, contre tous ceux qui, comme elle, ont cautionné le même débiteur pour la même dette ; l'art. 2033 n'exige que ces conditions ; mais cela suffit-il ? Ne faut-il pas en outre que les cofidéjusseurs contre lesquels la caution veut recourir soient intervenus en même temps qu'elle ou antérieurement ? En d'autres termes, cette caution peut-elle se prévaloir de l'art. 2033 contre les cofidéjusseurs dont l'engagement est postérieur au sien ?

La raison de douter, c'est que cette caution, s'étant obligée avant ses cofidéjusseurs, n'a pas dû compter sur leur intervention et sur un recours à exercer contre eux. Leur obligation est pour elle *res inter alios acta*, elle ne doit pas en profiter et s'en prévaloir pour leur faire supporter une part dans le paiement.

Cette objection est écartée par la généralité des termes de l'art. 2033, qui, en accordant un recours à la caution qui a payé, ne s'occupe pas de l'ordre des cautionnements. On peut invoquer à l'appui de cet argument de texte le motif principal du recours de la caution, c'est qu'il est juste de faire contribuer au paiement tous ceux à qui il profite ; or ce paiement libère toutes les cautions, quelle que soit la date de leur engagement.

Il faut donc dire que lorsque plusieurs fidéjusseurs ont cautionné un même débiteur pour la même dette, celui qui a payé la totalité de cette dette, aura contre chacun des autres, pour se faire indemniser du paiement qu'il a effectué dans un intérêt commun, un recours limité à la part virile de chacun de ses cofidéjusseurs, calculée sur le nombre de ceux qui sont solvables, sans s'occuper de la date des cautionnements [1].

§ 2. — A quelles conditions est soumis le recours de la caution
contre ses cofidéjusseurs ?

Pour que la caution puisse exercer son recours contre ses cofidéjusseurs, il faut qu'elle ait payé. L'art. 2033 le dit formellement et à deux reprises différentes : « Lorsque plusieurs personnes ont cautionné un même débiteur pour une même dette, la caution qui *a acquitté* la dette a recours contre les autres chacune pour sa part et portion ; — mais ce recours n'a lieu que lorsque la caution *a payé* dans l'un des cas énoncés dans l'article précédent. »

En s'exprimant ainsi, les rédacteurs du Code ont condamné une opinion qui s'était élevée dans notre ancienne jurisprudence où, du reste, elle n'avait pas prévalu. Quelques auteurs avaient soutenu que, dans le cas d'insolvabilité du débiteur principal, un fidéjusseur avait action contre ses cofidéjusseurs, non-seulement, après avoir payé, pour répéter d'eux leur part virile dans la dette, mais, même avant d'avoir payé, pour les forcer à contribuer avec lui au paiement de la somme qu'ils devaient tous en commun. Ils prétendaient même qu'en cas d'insolvabilité du débiteur d'une rente constituée, l'un des fidéjusseurs avait action

---

MM. Ponsot, n° 282 ; — Troplong, n° 426.

contre les autres pour les forcer à contribuer avec lui au rachat de cette rente. Pothier (*Obligat.*, n° 445) combattait déjà cette doctrine que les termes de l'art. 2033 repoussent formellement. D'après cet article, la caution n'a de recours contre ses fidéjusseurs qu'après avoir payé, et cela s'explique : car le paiement seul peut faire naître à son profit, soit la subrogation, soit l'action *negotiorum gestorum* utile que l'équité lui a fait donner.

Cependant Pothier accordait à la caution qui n'avait pas encore payé, mais qui était poursuivie par le créancier, une action contre ses cofidéjusseurs pour qu'ils eussent à fournir chacun leur part de la somme demandée, dont le paiement devait faire cesser les poursuites, et il décidait que, faute par eux de ce faire, ils seraient tenus chacun pour leur part des frais faits depuis la dénonciation des poursuites.

Les termes de l'art. 2033 ne permettent pas d'admettre cette opinion dans notre droit ; d'ailleurs si l'action de la caution est une action *negotiorum gestorum* utile, il faut que l'affaire ait été utilement gérée, c'est-à-dire qu'il y ait eu paiement ; si l'on veut que ce soit une conséquence de la subrogation, elle ne peut pas précéder le fait d'où naît la subrogation elle-même, fait qui n'est autre que le paiement.

Il faut donc paiement ; mais dès que la caution aura payé, aura-t-elle ce recours ? Non, il faut qu'elle ait payé ayant juste sujet de le faire, et elle n'aura juste sujet de payer, aux termes de l'art. 2033 (2e alinéa), que lorsqu'elle l'aura fait dans l'un des cas énoncés en l'art. 2032.

Si le fidéjusseur avait payé hors de ces cas, l'action en recours lui échapperait.

Les cinq hypothèses de l'art. 2032 sont-elles bonnes pour autoriser le fidéjusseur qui a payé à recourir contre les autres ?

D'après quelques auteurs la caution qui a payé n'aurait de recours contre ses cofidéjusseurs que dans les cas énoncés aux n°s 1, 2 et 4 de l'art. 2032. (Duranton, t. XVIII, n° 366.) — Mais cette opinion est en contradiction formelle avec le texte de l'art. 2033. Cet article, en donnant à la caution un recours quand elle a payé, dans l'un des cas énoncés en l'art. 2032, n'a fait aucune distinction entre les différentes hypothèses qui y sont prévues.

Cette opinion est encore en opposition flagrante avec l'explication que M. Chabot a donnée de l'art. 2033 dans son rapport au Tribunat : « Néanmoins, dit cet orateur, ce fidéjusseur ne peut exercer le recours, s'il a payé sans avoir été poursuivi en justice par le créancier, ou sans que le débiteur fût en faillite ou en déconfiture, ou avant l'expiration du terme auquel le débiteur s'était obligé de lui rapporter décharge, ou avant l'échéance de l'obligation, ou avant l'expiration du temps déterminé pendant lequel cette obligation était de nature à pouvoir s'éteindre. » (Fenet, t. XV, p. 58.)

Il faut donc reconnaître que la caution a recours contre ses cofidéjusseurs, lorsqu'elle a payé dans l'une des hypothèses de l'art. 2033, quelle que soit d'ailleurs cette hypothèse[1].

----

1. Troplong, *Caut.,* n° 425 ; — Aubry et Rau, t. III, § 428, note 1.

§ 3. — Dans quelle mesure s'exerce l'action en recours de la caution?

L'art. 2023 nous indique dans quelle mesure la caution qui a payé pourra exercer un recours contre ses cofidéjusseurs : elle ne pourra redemander à chacun d'eux que sa part et portion virile, et cela qu'elle agisse par l'action *negotiorum gestorum* utile, ou comme subrogée aux droits du créancier, car l'art. 2033 s'applique à l'une et à l'autre hypothèse.

Cet article, qui tranche nettement la question pour le cas où la caution qui a payé ne peut invoquer que la subrogation légale, ne dit rien du cas où cette caution s'est fait subroger conventionnellement par le créancier; pourra-t-elle, dans ce cas, agir *in solidum* contre ses cofidéjusseurs, bien entendu, sa part déduite[1]?

Nous ne le pensons pas, et nous argumentons ici de l'art. 875 C. civ., qui, supposant, dans une hypothèse semblable, une subrogation conventionnelle, ne donne au subrogé qu'un recours divisé contre ses codébiteurs[2].

Si l'un des fidéjusseurs est insolvable, pour combien celui qui a payé pourra-t-il recourir contre les autres? Nous connaissons le motif du recours accordé à la caution : c'est qu'il est juste que tous ceux qu'elle a libérés supportent contributoirement leur part dans le paiement; ce motif doit nous conduire à décider que les insolvabi-

---

1. Cette opinion est soutenue par M. Toullier, t. VII, n° 163.
2. MM. Ponsot, n° 290; — Troplong, n° 433 et suiv.

lités se répartiront contribuloirement entre les cautions solvables et celle qui a payé; cette dernière pourra, en conséquence, redemander aux autres leur part virile calculée sur le nombre de celles qui sont solvables. C'est dans ces limites que les autres cautions profitent du paiement, et il est nécessaire de procéder ainsi pour maintenir entre elles l'égalité de position que le législateur a eue en vue; on ne voit pas pourquoi la caution qui a payé supporterait seule le fardeau de l'insolvabilité des autres.

L'art. 2026 montre bien que c'est là l'esprit de la loi lorsqu'il dit : « Lorsque, dans le temps où une des cautions a fait prononcer la division, il y en avait d'insolvables, cette caution est tenue proportionnellement de ces insolvabilités. »

Enfin on peut tirer un argument d'analogie de l'art. 1214 qui, s'occupant du recours entre débiteurs solidaires, et prévoyant le cas où l'un d'eux serait insolvable, dit que la perte occasionnée par son insolvabilité se répartit par contribution entre tous les autres codébiteurs solvables et celui qui a fait le paiement.

SECTION IV. — EFFETS DE LA SUBROGATION DANS LES RAPPORTS DE LA CAUTION ET DU TIERS DÉTENTEUR.

La caution qui paie est-elle subrogée aux droits du créancier contre le tiers détenteur de l'immeuble hypothéqué pour sûreté de la dette principale garantie par le cautionnement? Cet immeuble peut se trouver dans les mains du tiers détenteur de deux manières différentes : ou bien il avait été hypothéqué par le débiteur principal pour sûreté de sa dette personnelle, et un tiers l'a acquis de ce débiteur soit à titre onéreux, soit à titre gratuit; ou bien cet immeuble n'a pas changé de mains, il appartenait au propriétaire actuel, qui, sans vouloir s'obliger personnellement au paiement de la dette, a consenti à hypothéquer son immeuble pour sûreté de cette même dette; qui, en d'autres termes, s'est porté caution réelle.

Examinons séparément chacune de ces hypothèses.

Premier cas. — Supposons que le tiers détenteur a acquis, soit à titre onéreux, soit à titre gratuit l'immeuble hypothéqué par le débiteur, la caution sera-t-elle subrogée contre lui?

Deux systèmes sont en présence :

Premier système. — Dans un premier système, on dit que ce tiers acquéreur ne peut pas être inquiété par la caution.

Le principal argument que l'on invoque en faveur de cette opinion, on le tire de l'art. 2170, d'après lequel le tiers détenteur a le droit de requérir la discussion des immeubles hypothéqués à la dette, qui sont demeurés en la possession du principal ou des principaux obligés; on prétend que la caution, obligé accessoire dans ses rapports avec le débiteur principal, est un obligé principal dans ses rapports avec le tiers détenteur; on dit qu'il y aurait incompatibilité entre le droit pour le tiers détenteur de renvoyer le créancier à la discussion des immeubles hypothéqués à la dette, qui sont en la possession de la caution, et le droit pour celle-ci d'exercer, après avoir payé, un recours contre ce même tiers détenteur.

On cherche ensuite à démontrer que la caution est comprise par l'art. 2170 dans cette expression *débiteurs principaux*. Voici ce que dit à cet égard M. Troplong qui soutient ce système : « Dans la bouche des jurisconsultes, les mots *obligés principaux* ont toujours compris les cautions alors qu'il s'est agi de dessiner la différence de position qui existe entre le tiers détenteur tenu *re tantùm* et ceux qui ont contracté un engagement personnel; le fidéjusseur est, par rapport au tiers détenteur, un obligé personnel, parce que le lien personnel, qui est le lien principal, l'enchaîne invinciblement, tandis que le tiers détenteur, n'étant pas obligé personnel, n'est jamais tenu qu'à titre d'accessoire[1]. »

Dans ce premier système, on argumente des art. 1251, 3°, et 1252 combiné. Si le tiers détenteur, dit-on, paie lui-même le créancier, il sera subrogé (art. 1251, 3°) tant contre le débiteur principal que contre les cautions (article 1252), et cette subrogation lui donnera une action entière; car le tiers détenteur, n'étant pas obligé personnellement, n'a pas de part virile à supporter et on ne peut lui imposer aucun retranchement personnel ; dans cette première opinion, loin de donner à la caution une action contre le tiers détenteur, on en donne une contre elle au tiers détenteur qui a payé.

On s'appuie encore sur les derniers mots de l'art. 2023.

---

1. Troplong., *Cautionn.*, n° 429.

Quand la caution invoque le bénéfice de discussion, elle ne peut pas demander la discussion des biens hypothéqués à la dette qui ne sont plus en la possession du débiteur, mais qui sont entre les mains de tiers détenteurs : or, dit-on, on ne peut demander la discussion que des personnes contre lesquelles on pourrait recourir, si l'on avait payé ; la caution ne peut pas renvoyer à la discussion du tiers détenteur : c'est donc qu'elle n'a pas de recours contre lui.

Enfin, on invoque l'autorité de l'histoire : suivant M. Troplong, « cette opinion est non-seulement la plus générale, mais elle a encore pour elle l'autorité des noms les plus vénérés, les Favre, les Loyseau, les Pothier. »

Deuxième système. — Nous pensons cependant que l'on doit admettre l'opinion contraire, et décider que la caution peut invoquer la subrogation contre le tiers détenteur. En effet, cette caution a payé étant tenue pour d'autres, et, en vertu de l'art. 1251, 3°, elle est subrogée aux droits du créancier et, par suite, à l'hypothèque qu'avait ce créancier. En s'obligeant, elle a compté que, si elle payait la dette, elle serait subrogée aux droits du créancier personnellement contre le débiteur et hypothécairement contre le fonds. Il ne faut pas que le débiteur, en aliénant le fonds, puisse la priver des sûretés sur lesquelles elle a dû compter.

Mais il faut répondre aux arguments du premier système. La caution tenue personnellement est, dit-on, un obligé principal relativement au tiers détenteur obligé *re tantùm,* et l'art. 2170 permet à celui-ci de demander la discussion du débiteur principal et, par suite, des cautions, ce qui est incompatible avec l'idée d'un recours accordé à la caution contre ce tiers détenteur. Cet argument serait concluant, au moins dans le cas où le tiers détenteur a le bénéfice de discussion, s'il était prouvé que le législateur eût voulu comprendre les cautions dans les expressions *principaux obligés ;* il serait alors certain que la loi aurait voulu donner aux tiers détenteurs une position préférable à celle des cautions ; mais rien ne vient à l'appui de cette assertion. Le sens naturel et ordinaire des mots résiste à cette interprétation. Dans toutes les dispositions de la loi relatives au cautionnement, l'expression débiteur principal désigne la personne dans l'intérêt de qui la dette a été contractée, jamais elle ne désigne à la fois le débiteur et la caution. On peut voir les art. 1287, 1288, 1294, 2014, 2022, 2023, 2028, 2030, 2031, 2035, 2039, 2040, etc. Cela étant, la caution n'est pas principal obligé, puisqu'elle n'est pas obligée pour elle-même ; elle est donc débiteur accessoire, et l'argument tiré du texte de l'art. 2170 est sans valeur ; le tiers détenteur, d'après cet article, n'est préférable qu'aux débiteurs principaux.

Mais, dit-on, si le tiers détenteur paie, il sera subrogé (art. 1251, 3°) tant contre le débiteur principal que contre les cautions (art. 1252) ; vous ne pouvez donc pas déclarer la caution subrogée contre ce tiers détenteur.

La caution peut répondre par le même argument et invoquer aussi l'art. 1251, 3° ; alors comment sortir d'embarras ? Il faut rechercher lequel du tiers détenteur ou de la caution est le plus favorable, et, suivant nous, c'est la caution. En effet, en s'obligeant, elle a dû compter sur l'hypothèque, et elle ne doit pas en être privée par l'aliénation de l'immeuble hypothéqué, aliénation à laquelle elle n'a pas pu s'opposer.

Ajoutons que, si le tiers détenteur se présente, il viendra comme subrogé aux droits du créancier ; alors la caution ne sera-t-elle pas en droit de lui répondre : « Vous invoquez les droits du créancier ; mais si vous avez ces droits, vous devez les avoir pris avec leurs charges, et le créancier était obligé envers moi à me conserver toutes les sûretés accessoires de la dette pour me les transmettre au moment où je le paierais (art. 2037) ; si cette subrogation aux droits, hypothèques et priviléges du créancier ne peut plus, par le fait de ce créancier, s'opérer en ma faveur, je suis libérée du cautionnement, je suis donc libérée envers vous ; car vous représentez le créancier et vous ne pouvez pas diminuer à mon préjudice, par votre acquisition, c'est-à-dire par votre fait, les sûretés qui garantissaient la dette primitive, sans que je sois déchargée envers vous. »

La caution est d'autant plus favorable que si le tiers détenteur est en perte, c'est qu'il l'a bien voulu ; en effet, notre régime hypothécaire repose sur le système de la publicité, le tiers acquéreur pouvait connaître la charge hypothécaire qui grevait le fonds dans les mains de son auteur, pourquoi s'est-il rendu acquéreur ?

D'ailleurs, à quel titre ce tiers a-t-il acquis l'immeuble ? Est-ce à titre onéreux, par une vente ? Il avait un moyen très-simple d'éviter la poursuite hypothécaire de la part du créancier : il n'avait qu'à recourir aux formalités de la purge ; il a payé sans avoir eu soin de purger : il a commis une imprudence dont les conséquences doivent retomber sur lui et non sur la caution. A-t-il acquis à titre d'échange ? Ici encore, il est moins favorable que la caution, car il pouvait se libérer en délaissant : il évitait ainsi de payer le créancier hypothécaire, et, comme il était évincé, il avait, par application des règles de l'échange, le droit de répéter sa chose (art. 1705). Il n'a donc, ainsi que le fait remarquer M. Ponsot, rien perdu que le bénéfice d'un contrat qui ne doit pas l'enrichir aux dépens d'autrui. A-t-il acquis à titre gratuit ? *A fortiori* ne peut-on pas le préférer à la caution, car il s'enrichirait au détriment de cette dernière, et dans le système que nous combattons, on refuse la subrogation à la caution aussi bien contre l'acquéreur à titre gratuit que contre l'acquéreur à titre onéreux : ce qui est complétement inadmissible.

On nous oppose l'art. 2023, d'après lequel la caution qui requiert la discussion ne peut pas indiquer les biens hypothéqués à la dette qui ne sont plus en la possession du débiteur.

Nous répondrons : Cet art. 2023 n'a pas été fait dans l'intérêt du tiers détenteur, mais bien dans l'intérêt du créancier, les travaux préparatoires le démontrent surabondamment. Nous avons vu, en étudiant l'art. 2023, la discussion qui s'est élevée sur cette disposition entre MM. Chabot et Goupil de Préfeln, et nous avons remarqué que jamais, dans cette discussion, il n'a été question de la faveur relative que mériteraient la caution et le tiers détenteur; on n'a parlé que des intérêts du créancier. En effet, le tiers détenteur peut prendre des partis très-onéreux pour lui; il peut purger et, par suite, obliger le créancier à recevoir un prix inférieur à la valeur de l'immeuble, ou à chercher la somme nécessaire pour surenchérir.

Pour ce qui est de l'autorité de l'histoire, nous n'avons pas à rechercher ici ce que pensaient les Favre, les Loyseau et les Pothier; mais en admettant qu'ils préférassent le tiers détenteur à la caution, on n'en pourrait rien conclure, puisque les hypothèques, au lieu d'être occultes comme autrefois, sont maintenant soumises au régime de la publicité, et que le tiers détenteur, en payant sans remplir les formalités de la purge, commet une imprudence qui ne doit pas retomber sur la caution.

Nous pensons donc que la caution pourra se prévaloir de la subrogation à l'encontre du tiers détenteur de l'immeuble.

Deuxième hypothèse. — Arrivons au cas où le tiers détenteur de l'immeuble hypothéqué est une caution réelle. Ce n'est plus un ayant cause du débiteur, c'est un tiers qui, sans vouloir s'obliger personnellement au paiement de la dette principale, a consenti à hypothéquer son immeuble pour sûreté de cette dette; la caution personnelle aura-t-elle, quand elle aura payé, un recours contre le tiers détenteur? En d'autres termes, la perte résultant de l'insolvabilité du débiteur principal sera-t-elle supportée en totalité par la caution personnelle, ou le sera-t-elle contributoirement avec elle par la caution réelle ?

Le débiteur, empruntant une somme de 10,000 fr., donne au créancier pour sûreté de cette dette une caution personnelle, Primus, et un tiers, Secundus, consent à se porter caution réelle, c'est-à-dire à hypothéquer son immeuble pour garantir cette obligation. Primus paie ; pourra-t-il forcer Secundus à lui rembourser une partie de ce qu'il a payé ?

Première opinion. — M. Troplong soutient que la caution personnelle doit supporter à elle seule le fardeau de la dette. Voici comment il argumente : « Secundus n'a contracté aucun engagement personnel, il n'était pas tenu de payer ; Primus, en payant, n'a donc pas géré son affaire et, par suite, n'a contre lui ni l'action directe, ni l'action utile de gestion d'affaires. Primus ne peut pas se prévaloir de l'article 1251, 3°, pour se prétendre subrogé au créancier dans le droit d'agir contre l'immeuble hypothéqué, car les obligés personnels sont liés plus étroitement que les obligés *re tantùm*, ces derniers n'étant tenus qu'à défaut des débiteurs personnels (art. 2170). Secundus n'a engagé sa chose que pour sûreté de l'engagement personnel ; quand cet engagement a été rempli, la chose est immédiatement libérée. L'extinction de la dette principale emporte l'extinction de la dette accessoire. Si Secundus eût payé, il aurait eu un recours contre les cautions en vertu de la subrogation légale dans les droits du créancier (art. 1251, 3°, et 1252). Cette subrogation, ajoute M. Troplong, ne peut être diminuée par aucune part à lui personnelle, puisqu'il n'est pas obligé personnel[1]. »

Deuxième opinion. — Nous ne croyons pas que cette opinion doive être admise, et nous pensons que la caution personnelle peut, en vertu de l'art. 1251, 3°, exercer un recours contre la caution réelle comme subrogée aux droits du créancier, recours dont nous fixerons plus tard les limites.

Reprenons d'abord les arguments fournis par le premier système et voyons jusqu'à quel point ils sont fondés.

« Secundus, nous dit-on, n'a contracté aucun engagement personnel, il n'était pas tenu de payer ; Primus n'a donc pas contre lui l'action *negotiorum gestorum utile*. »

Il nous semble que cette première proposition repose sur une erreur : le tiers détenteur est évidemment tenu de payer, sauf à s'affranchir de cette obligation par le délaissement. Peut-on considérer comme n'étant pas tenu celui qui, s'il ne paie pas, sera poursuivi par une action hypothécaire, sera exproprié d'un immeuble dont la valeur est égale, souvent même supérieure au montant de la dette hypothécaire ? L'art. 2168 dit positivement qu'il est tenu, et le premier système le reconnaît si bien que si le tiers détenteur paie, il lui accorde la subrogation légale de l'art. 1251, 3° ; c'est donc que la caution réelle *est tenue* avec d'autres ou pour d'autres. Cela étant, on ne peut pas dire que Primus n'a pas d'action de gestion d'affaires

____

Troplong, *Cautionn.*, n° 427.

utile contre Secundus. Si Primus, caution personnelle, ne paie pas, Secundus devra payer ou délaisser ; si, au contraire, il paie, Secundus ne devra rien au créancier. En payant, Primus fait donc l'affaire de Secundus ; il est vrai qu'il n'a pas eu pour but principal et direct d'affranchir la caution réelle, mais de se libérer lui-même ; cependant le paiement qu'il a fait n'en a pas moins profité à Secundus, et Pothier n'eût pas hésité à lui donner une action de gestion d'affaires, non pas directe, mais utile. Les choses se passent ici de même qu'entre les cofidéjusseurs : celui d'entre eux qui paie n'a pas pour but principal de libérer les autres, mais de se libérer lui-même ; et cependant il a contre eux une action *negotiorum gestorum* utile, car indirectement il a fait leur affaire en les libérant d'une dette commune.

Nous allons plus loin et nous soutenons que, fût-il vrai que la caution n'eût contre le tiers détenteur aucune action de gestion d'affaires, elle n'en aurait pas moins le droit d'agir contre lui comme subrogée aux droits du créancier ; car ce n'est pas seulement contre ceux que le subrogé peut atteindre de son chef par une action personnelle de gestion d'affaires qu'il peut recourir. Le bénéfice de cession d'actions, origine de la subrogation, a eu précisément pour but principal de donner à la caution un recours contre ceux qu'elle ne pouvait pas atteindre de son chef, contre ses cofidéjusseurs. Est-il probable que le Code, qui donne à la caution la subrogation légale, lui soit moins favorable que le Droit romain, qui ne lui accordait que le bénéfice de cession d'actions ?

« Mais, disent les partisans du premier système, Primus chercherait en vain à se prévaloir de l'art. 1251, 3°, car les obligés personnels sont plus étroitement liés que les obligés *re tantùm*. »

Cet argument n'est pas concluant. Il est bien vrai que, vis-à-vis du créancier, l'obligation de la caution personnelle obligée sur tout son patrimoine est plus étendue que celle de la caution réelle, tenue seulement sur les biens hypothéqués; mais de l'inégalité dans l'étendue de l'obligation, on ne peut pas conclure à l'inégalité dans l'énergie du lien : l'obligé personnel est tenu sur tous ses biens, mais rien ne l'empêche de contracter de nouvelles dettes, de devenir insolvable, de dissiper ses biens, de les aliéner à des tiers, entre les mains de qui le créancier ne pourra pas les suivre ; le créancier hypothécaire n'a rien de semblable à redouter, car le propriétaire de l'immeuble hypothéqué ne peut le soustraire à son action, ni en contractant de nouvelles dettes, ni en l'aliénant. On peut donc dire qu'à cet égard la caution réelle est tenue plus énergiquement que la caution personnelle. Mais admettons que les obligés personnels soient plus étroitement tenus envers le créancier que l'obligé *re tantùm;* il n'en est pas moins vrai que, dans leurs rapports respectifs, l'obligé *re tantùm* et le fidéjusseur sont tenus l'un comme l'autre ; il n'y a en réalité aucune différence entre ces deux personnes : ce sont deux tiers tenus l'un hypothécairement, l'autre personnellement de la dette d'autrui. En ce qui concerne le bénéfice de subrogation, on doit donc les mettre sur la même ligne.

« Les obligés *re tantùm*, dit-on, ne sont tenus qu'à défaut des obligés personnels, art. 2170. »

Nous avons déjà réfuté plus haut cet argument, en démontrant que les cautions ne sont pas comprises dans les mots *obligés principaux* de l'art. 2170.

« Les obligés *re tantùm* n'ont engagé leur chose que pour sûreté de l'engagement personnel ; quand l'engagement personnel a été rempli, la chose est immédiatement libérée. La dette principale étant éteinte, l'accessoire de cette dette disparaît. »

C'est là une affirmation que rien ne vient justifier. Sans doute la caution serait un débiteur principal vis-à-vis du tiers qui aurait hypothéqué son immeuble pour sûreté du cautionnement ; mais nous ne raisonnons pas dans cette hypothèse ; nous supposons que l'hypothèque garantit non pas la dette née du cautionnement, mais la dette principale garantie à la fois et par une caution réelle et par une caution personnelle ; dans cette hypothèse, en quoi l'hypothèque accède-t-elle à l'engagement de la caution ? En quoi peut-elle en dépendre ?

Nous prétendons au contraire que la caution personnelle et la caution réelle sont des cogarants de la même dette, et, pour le prouver, nous allons examiner successivement les trois cas qui peuvent se présenter.

Premier cas. — Primus, caution personnelle, et Secundus, caution réelle, sont intervenus en même temps ; ils ont promis la même chose, la solvabilité du débiteur ; à la vérité ils ne l'ont pas promise de la même manière, mais ils ne s'en sont pas moins associés pour donner une

garantie au créancier. Secundus n'est pas le certificateur de Primus, car, ce qu'il a promis, ce n'est pas
la solvabilité de Primus, mais bien celle du débiteur
principal.

Deuxième cas. — La caution réelle, Secundus, est intervenue avant la caution personnelle Primus ; on ne peut
pas soutenir dans ce cas, que Secundus en s'obligeant, n'a
pas eu d'autre but que de se porter certificateur de Primus, qui n'était pas encore obligé. L'hypothèque n'est bien
certainement pas l'accessoire d'une dette qui n'existait
pas encore, dont rien ne faisait présumer l'existence lors
de la constitution de cette hypothèque.

Troisième cas. — La caution personnelle, Primus, s'est
obligée avant la caution réelle, Secundus. Dans ce cas, on
pourrait soutenir logiquement que Secundus s'est porté
certificateur réel de Primus et caution réelle du débiteur ;
mais ce système ne serait pas dans l'esprit du Code. Nous
pouvons appliquer ici par analogie ce qui se passe lorsque
plusieurs personnes se portent cautions du même débiteur à des époques différentes ; celle qui s'est obligée la
première peut demander la division avec celles qui se sont
obligées postérieurement, peut recourir contre elles. Le
Code ne considère pas la caution la plus récente comme
le certificateur de la plus ancienne ; au contraire, le législateur les met toutes sur la même ligne. Il faut appliquer
à la caution réelle la même théorie, c'est un garant pour
le créancier. Ce n'est pas le certificateur de Primus, car
ce n'est pas de la solvabilité de Primus qu'elle a répondu,
mais de la solvabilité du débiteur principal ; c'est le coga-

rant de Primus, car elle a cautionné le même débiteur et la même dette.

Enfin, on ajoute, dans le premier système, que si Secundus eût payé, il aurait une action en recours contre Primus en vertu de la subrogation légale dans les droits du créancier, et que cette subrogation ne pourrait être diminuée par aucune part à lui personnelle, puisqu'il n'est pas obligé personnel.

Cet argument ne doit pas nous arrêter, car si le tiers détenteur n'est pas obligé personnel, le fond qu'il détient n'est pas étranger à la dette ; ce fonds serait poursuivi par l'action hypothécaire. Le paiement fait par la caution affranchit cet immeuble de l'hypothèque aussi bien qu'il a affranchi la caution de l'action personnelle ; pourquoi cet immeuble ne contribuerait-il pas au paiement ?

Voilà réfutés les arguments du premier système, que reste-t-il ? Nous sommes en présence de l'art. 1251, 3° : la caution a payé, étant tenue avec d'autres ou pour d'autres ; elle sera donc subrogée aux droits du créancier, et cela tant contre le débiteur principal que contre les cautions. Comment concilier ces deux droits en apparence contradictoires ?

Le moyen le plus simple et le plus naturel de sortir d'embarras est de faire supporter la perte résultant de l'insolvabilité du débiteur contributoirement par la caution personnelle et par la caution réelle. Mais d'après quelles bases devra se faire la contribution ?

M. Ponsot (n° 285) l'opère entre la caution et le tiers détenteur comme s'il s'agissait de cautions personnelles, c'est-à-dire que chacun doit contribuer pour sa part et portion virile. M. Ponsot reconnaît qu'il est singulier de parler de la part et portion virile d'un tiers détenteur, mais, suivant lui, cette contribution par part virile est la seule possible. « Il est équitable, dit-il, que le fonds hypothéqué à la dette d'autrui, tenu de toute la dette comme la caution personnelle, en supporte la charge comme elle. » La caution réelle et la caution personnelle sont soumises aux mêmes chances de perte, pourquoi ne contribueraient-elles pas également au paiement qui les libère ?

Il n'est pas exact de dire que la caution réelle et la caution personnelle soient toujours soumises aux mêmes chances de perte. Oui, les chances de perte sont les mêmes si le fonds hypothéqué a une valeur égale ou supérieure au montant de la dette ; car alors chacune de ces cautions est exposée à perdre une valeur égale au montant de cette dette ; la caution personnelle est exposée à payer toute la dette, 10,000 fr., par exemple ; la caution réelle, qui a hypothéqué à cette même dette un immeuble qui vaut 10,000 fr. ou plus, est exposée à payer cette somme de 10,000 fr., si mieux elle n'aime délaisser son immeuble ; les parties sont menacées d'une perte égale ; cette perte doit se répartir également entre elles.

Mais si l'immeuble hypothéqué a une valeur inférieure au montant de la dette, s'il ne vaut que 5,000 fr., tandis que la dette est de 10,000 fr., les chances de perte ne sont plus égales ; la caution personnelle devrait payer 10,000 fr. et la caution réelle pourrait se libérer en abandonnant une valeur de 5,000 fr., la perte se répartira entre elles proportionnellement au montant de l'obligation de chacune. Les choses se passeront comme s'il s'agissait de deux cautions personnelles dont l'une aurait garanti la totalité de la dette, et l'autre la moitié seulement ; cette dernière n'aurait certainement à contribuer avec la première que proportionnellement à la partie de la dette par elle garantie ; or le tiers qui a hypothéqué à la dette un immeuble dont la valeur est inférieure au montant de cette dette, n'est réellement caution que jusqu'à concurrence de cette valeur, et le même principe de répartition doit dès lors lui être appliqué[1].

Ces principes vont nous servir à résoudre une autre question posée par M. Ponsot. La dette principale est de 15,000 fr., il y a une caution personnelle, deux cautions réelles, Primus et Secundus ; Primus a hypothéqué un immeuble de 12,000 fr., Secundus un immeuble de 6,000 fr., le débiteur principal est insolvable ; comment se répartira la perte ?

M. Ponsot veut que chacun d'eux en supporte le tiers, comme s'il s'agissait de trois cautions personnelles obligées chacune à la totalité de la dette.

Nous ne déciderons pas de même ; mais nous établirons la contribution comme s'il s'agissait de trois cautions personnelles, dont l'une aurait garanti la totalité de la dette (15,000 fr.), la seconde se serait obligée pour 12,000 fr., et la troisième pour 6,000 fr.

---

1. Aubry et Rau, t. III, § 321, note 62.

Section v. — Questions que fait naître l'article 2037
du Code civil.

L'art. 2037 est ainsi conçu : « La caution est déchargée lorsque la subrogation aux droits, hypothèques et priviléges du créancier ne peut plus, par le fait de ce créancier, s'opérer en faveur de la caution. »

Cet article donne naissance aux quatre questions suivantes, que nous allons successivement examiner :

1° Quelles cautions peuvent invoquer la disposition de l'art. 2037 ?

2° Le créancier n'est-il responsable envers la caution que des sûretés qu'il perd par un fait positif, ou doit-il répondre aussi de celles qu'il laisse perdre par sa négligence ?

3° La déchéance prononcée par l'art. 2037 s'applique-t-elle aussi bien au cas où les sûretés que le créancier a laissé perdre ont été acquises depuis l'intervention de la caution, qu'au cas où elles l'ont été antérieurement ?

4° La perte partielle des sûretés libère-t-elle intégralement ou partiellement la caution ?

§ 1. — Quelles cautions peuvent invoquer l'article 2037 ?

Il importe, pour répondre à cette question, de bien se fixer sur l'origine et la base de l'art. 2037.

On dit généralement que cet article a pour but de sanctionner la subrogation établie au profit des cautions.

Cependant M. Troplong soutient que la base de notre article se trouve dans le bénéfice de discussion; il en conclut que ceux-là seuls qui ont ce bénéfice peuvent invoquer la disposition de l'art. 2037.

Dans l'ancien Droit romain, dit cet auteur, le créancier ne contractait envers le fidéjusseur aucune obligation de conserver ses actions; le fidéjusseur avait bien le bénéfice de cession d'actions fondé sur l'équité, mais il suffisait que le créancier cédât ses actions telles qu'il les avait au moment où la cession était requise. Seul, le fidéjusseur s'obligeait.

Il en était autrement du *mandator pecuniæ credendæ*, qui était libéré vis-à-vis du créancier lorsque celui-ci s'était mis par son fait ou par sa faute dans l'impossibilité de céder ses actions contre l'emprunteur. Dans le *mandatum pecuniæ credendæ*, il y avait des obligations réciproques.

Cet état de choses persista jusqu'à Justinien, qui, dans sa Novelle IV, investit le fidéjusseur du droit de demander la discussion du débiteur principal, et ce droit eut pour conséquence nécessaire de mettre le créancier dans l'impossibilité de rien faire qui fût de nature à en priver le fidéjusseur directement ou indirectement. L'empereur, en décidant que les cautions ne seraient tenues que d'une manière subsidiaire, décidait par là même que le créancier n'aurait plus la même liberté qu'auparavant de disposer de ses actions; autrement, il aurait pu à son gré priver le fidéjusseur du bénéfice de la loi. Le créancier, étant tenu par l'effet irrésistible de la Novelle de conserver son droit intact contre le débiteur, ne peut plus céder ses actions

telles quelles ; il doit les céder intactes pour que le fidéjusseur trouve, dans la discussion qu'il fait lui-même, les
mêmes ressources qu'y eût trouvé le créancier s'il l'eût
renvoyé à faire la discussion. Ce fidéjusseur, lorsqu'il paie
immédiatement sans invoquer la discussion, en se con-
tentant de la cession d'actions, fait une grâce au créancier ; il doit être aussi bien traité que lorsqu'il requiert la
discussion.

Telle est, suivant M. Troplong, la véritable source du
point de droit déposé dans notre article ; ce n'est pas le
corollaire de l'obligation où était le créancier de céder ses
actions ; car, dans l'ancien Droit romain, cette obligation
existait, et le créancier y satisfaisait en cédant ses actions
telles quelles ; ce n'est que depuis l'introduction du bénéfice de discussion qu'il en est autrement[1].

L'opinion de beaucoup la plus générale est que la disposition de l'art. 2037 n'a pas cette origine, mais est la
sanction de la subrogation légale.

Si nous cherchons, en effet, dans nos anciens auteurs
comment ils envisageaient cette question, voici ce que
nous trouvons dans le *Traité des obligations*, de Pothier :
« Lorsque le créancier s'est mis par son fait hors d'état de
pouvoir céder au fidéjusseur ses actions, soit contre le débiteur principal, soit contre les autres fidéjusseurs, soit
parce qu'il les a déchargés, soit parce qu'il a, par sa faute,
donné congé de sa demande contre eux, le fidéjusseur
peut, *per exceptionem cedendarum actionum*, faire déclarer

---

1. M. Troplong, *Cautionn.*, n°s 533 et suiv.

le créancier non recevable en sa demande pour ce qu'il n'aurait pu procurer au fidéjusseur la cession des actions que le créancier s'est mis hors d'état de pouvoir lui céder », et la raison qu'il en donne peut se formuler ainsi : les cautions ont compté, pour assurer leur recours, sur les garanties qui accompagnaient déjà la dette lors de leur intervention. Suivant Pothier, l'obligation pour le créancier de conserver ses actions est donc le corollaire de la cession des actions ; il ne la fait pas dériver du bénéfice de discussion, car il ne distingue pas pour prononcer la déchéance si les cautions ont ou n'ont pas le bénéfice de discussion. Auparavant, Dumoulin, qui enseignait déjà la doctrine consacrée législativement par l'art. 2037, la basait sur des considérations d'équité. Il en était de même de Loyseau et de Doneau. Tous ces auteurs sont unanimes pour faire dériver la responsabilité du créancier du bénéfice *cedendarum actionum*, et aucun ne parle de celui de discussion.

N'est-il pas vraisemblable que les rédacteurs du Code ont voulu suivre la théorie de Pothier, leur guide habituel, plutôt qu'une doctrine qu'on prétend faire résulter de la législation romaine, qui n'était écrite dans aucun texte, et que ne reproduisaient pas nos anciens auteurs ? N'est-il pas probable que, trouvant dans Pothier une disposition analogue à l'art. 2037, disposition dérivant de la cession d'actions, ils ont voulu faire de l'art. 2037 la sanction de la subrogation qu'ils substituaient à la cession d'actions ?

Cette probabilité devient une certitude quand on se reporte aux travaux préparatoires.

L'article 2023 refuse à la caution le droit de renvoyer le créancier discuter les immeubles hypothéqués à la dette qui ne sont plus entre les mains du débiteur. M. Goupil avait critiqué cette restriction au bénéfice de discussion, et il avait dit qu'il serait à craindre que le débiteur ne s'entendît avec un tiers pour enlever à la caution le bénéfice de discussion. (Fenet, t. XV, p. 67.) M. Chabot répond : « Il peut y avoir, a-t-on dit, une connivence entre le créancier et le débiteur ; mais la caution n'est-elle pas subrogée à tous les droits du créancier, et n'est-elle pas déchargée lorsque cette subrogation ne peut avoir lieu par le fait du créancier ? » (Fenet, t. XV, p. 71.) Où pourrait-on trouver une preuve plus certaine que les rédacteurs du Code n'entendaient pas faire dépendre l'art. 2037 du bénéfice de discussion ? Voilà un cas où la caution est privée de ce bénéfice et où cependant elle peut invoquer la disposition de l'art. 2037, et la raison même qui fait refuser à la caution, dans l'espèce, le bénéfice de discussion, c'est qu'elle trouve dans la subrogation aux droits du créancier et dans la déchéance prononcée contre lui, lorsque, par son fait, la subrogation devient impossible, c'est-à-dire dans la disposition de l'art. 2037, une garantie suffisante. Le tribun Lahary, dans son Exposé des motifs au Corps législatif, s'exprimait ainsi sur l'art. 2037 : « Le fidéjusseur doit sans doute s'interdire tout ce qui peut compromettre la garantie de l'obligation qu'il a cautionnée ; mais, de son côté, le créancier ne doit-il pas s'interdire aussi tout ce qui tendrait à ravir au fidéjusseur les moyens d'être indemnisé du cautionnement qu'il a fourni ? C'est pour maintenir entre eux ce devoir de réciprocité que le projet décharge le fidéjusseur de son obligation lorsque la subrogation aux droits, hypothèques et priviléges du créancier, ne peut plus, par le fait de ce créancier, s'opérer en sa faveur. » (Fenet, t. XV, p. 87.)

Où la caution trouve-t-elle les moyens d'obtenir une indemnité? Ce n'est pas dans les bénéfices de discussion et de division. C'est dans la subrogation. Les obligations qui résultent du cautionnement sont corrélatives : la caution doit payer; mais le créancier ne doit pas lui ravir le moyen d'être indemnisée. La sanction de cette obligation du créancier est l'extinction de l'obligation de la caution quand le créancier manque à son devoir.

Enfin, M. Treilhard, lui aussi, fait dériver l'art. 2037 de l'obligation légale de subroger. (Fenet, t. XV, p. 45.)

Nous dirons donc, d'après les précédents, d'après les travaux préparatoires, que l'art. 2037 se réfère à la subrogation légale et n'est pas la conséquence du bénéfice de discussion.

Cela posé, demandons-nous quelles cautions ont le bénéfice de l'art. 2037.

Évidemment, après ce que nous venons de dire relativement à l'origine de cet article, nous ne pouvons admettre que les cautions seules qui ont le bénéfice de discussion auront aussi celui de l'art. 2037.

Nous dirons d'une manière générale que toutes les cautions, qu'elles aient ou non le bénéfice de discussion, peuvent invoquer contre le créancier la déchéance de l'article 2037. Si, en effet, nous nous reportons au texte même de cet article, nous voyons que sa disposition est générale, absolue ; que toute caution peut l'invoquer. C'est ce que reconnaît la Cour de cassation à propos des cautions solidaires, pour lesquelles s'élève le plus souvent la question que nous examinons. Si la loi n'avait eu en vue que les cautions qui jouissent du bénéfice de discussion, elle se serait exprimée d'une manière restrictive et aurait évité d'employer des expressions aussi générales que celles dont elle s'est servie[1].

Cette interprétation littérale de l'art. 2037, conforme aux précédents, — nous l'avons démontré plus haut, — l'est également à l'intention des parties et à l'équité. En effet, lorsqu'une caution s'engage, elle prend en considération les sûretés qui accompagnent la créance ; elle compte sur la subrogation à ces sûretés pour obtenir son remboursement dans le cas où elle serait forcée de payer ; si elle renonce au bénéfice de discussion, si elle consent à s'obliger solidairement, c'est qu'elle trouve dans la subrogation des garanties suffisantes ; il ne faut pas tromper son attente légitime, la priver des sûretés sur lesquelles elle comptait et qui seules, peut-être, ont déterminé son intervention.

---

1. MM. Merlin, *Quest.*, v° *Solidarité*, § 5 ; — Duranton, t. XVIII, n° 382 ; Zachariæ, t. III, p. 166 ; — Ponsot, n° 329 ; — Dalloz, v° *Cautionnement,* n° 334.

Bordeaux, 19 août 1822 ; Pau, 3 janvier 1824 ; Rej., 17 août 1836 ; Req., 29 mai 1838 ; Cass., 14 juin 1841 ; Req., 20 mars 1843 ; Limoges, 28 mars 1844 ; Rennes, 28 mars 1814 ; Caen, 18 mars 1828 ; Bordeaux, 21 mars 1839 ; Agen, 9 juin 1842. (Dalloz, v° *Cautionn.*, n° 334.) —Amiens, 25 mars 1847, Dal. pér:, 47, 4, 65 ; Rennes, 2 janv. 1851 ; D. P., 52, 5, 82 ; Req., 16 mars 1852. D. P., 52, 1, 103 ; Lyon, 20 août 1859, D. P., 59, 2, 206.

Contra : Troplong, n° 560 ; Rouen, 7 mars 1818 ; Limoges, 21 mai 1835 ; Bourges, 26 juillet 1837 (Dalloz, v° *Cautionn.*, n° 334).

Remarquons en terminant que le système de M. Troplong mènerait logiquement à des distinctions incompatibles avec le texte de l'art. 2037 et soumises à toutes les chances du hasard. Ainsi, les hypothèques auxquelles le créancier renonce portent-elles sur des immeubles situés dans le ressort de la Cour où le paiement doit être fait, le créancier peut se voir opposer la déchéance, car la caution avait, quant à ces biens, le bénéfice de discussion (art. 2023). Ces immeubles sont-ils, au contraire, situés dans le ressort d'une autre Cour, le créancier peut, sans aucun risque, renoncer à ses hypothèques ; la caution ne pouvait pas lui opposer la discussion de ces biens.

Le créancier a hypothèque sur des biens qui ne sont pas litigieux, il est tenu de conserver cette hypothèque ; ces biens deviennent l'objet d'un procès ; immédiatement le créancier se trouve affranchi de l'obligation que lui imposait l'art. 2037 ; il peut renoncer à cette hypothèque sans redouter aucune déchéance ; la caution ne peut pas le renvoyer à discuter des biens litigieux (art. 2023).

Le débiteur aliène l'immeuble hypothéqué ; avant l'aliénation, le créancier était tenu de conserver intactes ses hypothèques. Dès qu'il y a eu aliénation, il peut, sans craindre de déchéance, abandonner son droit, et même, dans le système de M. Troplong, le créancier eût-il gardé ses droits sur cet immeuble, la caution ne pourrait pas les exercer contre le tiers détenteur, car, suivant M. Troplong, la caution n'est jamais subrogée aux droits du créancier contre le tiers détenteur.

Ce système conduirait encore à dire que l'art. 2037 ne

s'applique pas toutes les fois que le bénéfice de discussion n'est pas en cause. Voici une dette qui a été cautionnée par deux fidéjusseurs; ils ont renoncé au bénéfice de division; la décharge accordée à l'un d'eux ou la renonciation aux sûretés données par l'un d'eux laisserait intacte l'action du créancier contre l'autre. En effet, cette décharge de l'un des fidéjusseurs, cette renonciation aux sûretés par lui données n'a pas trait au bénéfice de discussion, qui ne joue aucun rôle dans les rapports des cofidéjusseurs entre eux; elle n'a même pas trait au bénéfice de division, puisque les cautions y avaient renoncé. Cette conséquence, en présence de l'art. 2037, est tellement inadmissible, que M. Troplong lui-même la repousse [1] et tombe ainsi dans une évidente contradiction.

En résumé donc, d'après la généralité des termes employés par l'art. 2037, nous dirons que toutes les cautions, sans distinction, peuvent s'en prévaloir.

§ 2. — Le créancier est-il responsable envers la caution des sûretés qu'il perd par sa négligence?

Nous avons supposé, dans le paragraphe précédent, que le créancier avait perdu ses sûretés par un fait positif. Supposons maintenant qu'il les ait laissé perdre par sa négligence : il a omis de faire un acte interruptif de prescription, de prendre ou de renouveler en temps utile une

---

1. Troplong, *Caut.*, n° 556.

inscription hypothécaire; est-il responsable? En d'autres termes, le créancier répond-il aussi bien de sa faute *in omittendo* que de sa faute *in committendo?*

Cette question est très-vivement controversée. Les auteurs qui sont d'avis d'accorder même à la caution solidaire le droit de demander sa décharge lorsque le créancier a perdu par un fait positif les sûretés qui protégeaient sa créance, ne sont pas tous d'avis d'accorder un semblable droit à la caution lorsque les sûretés n'ont été perdues que par une simple négligence.

Pothier (*Obligations,* n° 520), qui n'hésite pas à donner à la caution l'exception *cedendarum actionum* contre le créancier qui a, par un fait positif, perdu les sûretés qui protégeaient sa créance, ne lui accorde pas un droit semblable lorsque le créancier n'est coupable que d'une simple négligence. M. Toullier[1], depuis la promulgation du Code, a suivi la même doctrine.

Cependant nous croyons qu'il ne faut faire aucune distinction entre la faute *in committendo* et la faute *in omittendo,* et que la caution a le droit de demander sa décharge lorsque les sûretés qui protégeaient la créance ont été perdues par la négligence du créancier.

D'abord, les mots *par le fait* dont se sert l'art. 2037, sont généraux et comprennent non-seulement les faits positifs, mais encore les omissions, les négligences. Pothier disait : *par le fait positif.* Les rédacteurs du Code n'ont pas reproduit le mot *positif;* nous pouvons donc en

---

1. Toullier, t. VII, n° 172.

conclure que leur pensée a été d'étendre les obligations du créancier sur ce point.

Mais le législateur n'avait pas besoin de s'expliquer sur le sens qu'il attachait à cette expression. Nous la trouvons en effet dans l'art. 1382, qui rend chacun responsable du dommage qu'il cause, non-seulement par un fait positif, mais aussi par sa négligence. Était-il nécessaire que les rédacteurs du Code, après avoir expliqué le sens qu'ils attachaient à ce mot dans l'art. 1382, en posant la règle, l'expliquassent de nouveau lorsqu'il n'y avait plus qu'à faire l'application de cette règle à un cas tout spécial et tout favorable [1] ?

Pothier, que l'on invoque toujours comme soutien de la doctrine que nous combattons, a contredit dans son *Traité de la vente* (n° 576) ce qu'il enseigne dans son *Traité des obligations*.

Ajoutons que la jurisprudence a consacré notre doctrine par de nombreux arrêts [2].

— Mais, disent les partisans du système opposé, lorsque les sûretés ont été perdues par la négligence du créancier, la caution avait un moyen d'éviter ce résultat fâcheux pour elle. Elle pouvait agir directement et en son propre nom, car elle avait un droit éventuel, conditionnel

---

1. MM. Duranton, n° 382; — Ponsot, n° 332; — Zachariæ, t. III, p. 165; — Troplong, n° 565.

2. Pau, 3 janv. 1824 (Dall., v° *Cautionn.*, n° 334); Req., 17 juillet 1827 (Dall., *Cautionn.*, n° 343); Cass., 25 juillet 1827 (Dalloz, n° 344); Cass., 23 mai 1833 (Dall. n° 345); Cass., 18 décembre 1844, D. P., 45, 1, 47; Req., 10 janvier 1833 (Dalloz, *Cautionn.*, n° 347); Civ. 2, 18 décembre 1844, D. P., 45, 1, 47.

qui l'autorisait à faire tous les actes conservatoires de son droit. Ce moyen n'existe pas lorsque c'est par un fait positif du créancier que les sûretés ont été perdues. On ne doit donc pas traiter aussi sévèrement le créancier, lorsqu'il y a négligence de sa part.

Il est facile de répondre à cette objection. Pourquoi la caution serait-elle obligée d'intervenir dans les affaires du créancier pour les faire à sa place ? Elle n'est pas le tuteur du créancier, elle n'est pas non plus son procureur. Sa position serait intolérable si elle était forcée de prendre en main les affaires du créancier, de surveiller le moment du renouvellement des inscriptions, etc.

Nous pensons donc que le créancier répond vis-à-vis de la caution non-seulement de son fait positif, mais aussi de sa négligence.

§ 3. — Le créancier peut-il se voir opposer la déchéance de l'article 2037 dans tous les cas où la subrogation à ses droits ne peut plus, par son fait ou par sa négligence, s'opérer au profit de la caution, quelle que soit l'époque où ces droits ont pris naissance ? Ou bien faut-il distinguer et rendre ce créancier responsable des garanties qu'il avait au moment du cautionnement, mais non de celles qu'il s'est procurées depuis ?

Dans notre ancienne jurisprudence, cette question ne faisait pas de difficulté. Suivant Dumoulin, dont l'opinion était généralement reçue, la subrogation n'avait lieu que pour les droits qu'avait le créancier au moment où le cautionnement avait été consenti. Pothier (n⁰ˢ 520 et 581) décidait de même que la caution ne pouvait pas se plaindre et invoquer l'exception *cedendarum actionum* si les sûretés que le créancier avait abandonnées étaient postérieures au cautionnement : car elle n'avait pas dû compter, pour assurer son recours, sur des sûretés qui n'existaient pas encore. C'était également l'opinion de Basnage.

Certains auteurs, depuis la promulgation du Code, ont reproduit cette opinion. Ils se fondent sur l'ancienne jurisprudence, et sur ce que rien, ni dans les travaux préparatoires du Code, ni dans les termes de l'art. 2037, dont a formule a été presque littéralement copiée dans Pothier, ne peut faire supposer chez le législateur l'intention d'innover et de substituer à la règle ancienne une règle nouvelle plus étendue.

Pour justifier cette opinion, on dit que la doctrine de Pothier, consacrée par l'art. 2037, n'était pas fondée sur le droit positif, mais sur l'équité, et qu'aujourd'hui, pour s'expliquer l'art. 2037, il faut partir de cette même idée. Le tiers qui se porte caution d'une dette à laquelle étaient déjà affectées d'autres sûretés ne s'engage probablement qu'en considération de ces sûretés et parce qu'il y voit une garantie de son recours ; l'équité serait blessée si, par son fait, le créancier pouvait l'en priver. Quant aux sûretés acquises par le créancier après le cautionnement, il est probable que la caution ne les a pas prises en considération, et, si elle y a songé, ces garanties étaient tellement éventuelles, que la caution ne peut pas dire qu'elles ont été la condition de son engagement. On conclut de là qu'appliquer l'art. 2037 à des sûretés qui n'existaient pas encore lors de l'intervention de la caution, c'est méconnaître le fondement de cet article. On ajoute qu'aucune raison d'équité n'oblige le créancier à conserver, dans l'intérêt de la caution, les sûretés qu'il ne doit qu'à sa diligence personnelle, par exemple les hypothèques judiciaires.

Mais on accorde que le créancier répond toujours de sa fraude, *dolus semper præstatur*.

On accorde aussi que si les sûretés acquises par le créancier après le cautionnement existent encore lorsque la caution est poursuivie par lui, ou lorsqu'elle offre le paiement, le créancier ne peut pas, sans violer l'équité, et par suite, sans encourir de déchéance, y renoncer. Cependant, dans ce dernier cas, on permet au créancier d'y renoncer, s'il y a un intérêt légitime.

Malgré ces raisons, nous n'admettons pas ce système. Si nos anciens auteurs n'obligeaient le créancier à conserver que les sûretés qu'il avait lors du cautionnement, cela tenait à cette opinion de Dumoulin, admise par tout le monde, que la cession d'actions faite au fidéjusseur ne comprenait que les actions existantes au moment où le cautionnement avait été consenti. Nous savons que cette doctrine est aujourd'hui généralement repoussée comme contraire aux termes de l'art. 2029. Le motif de l'opinion des anciens auteurs ayant disparu, on ne comprendrait pas que le Code eût érigé cette opinion en loi.

Il faut répondre à l'objection tirée du motif d'équité qui a servi de base à l'art. 2037. Suivant nous, la subrogation comprenant tous les droits du créancier, quelle que soit l'époque de leur acquisition, il n'est pas injuste lorsque, en aliénant les garanties postérieures au cautionne-

ment, le créancier diminue les avantages que doit avoir
pour la caution la subrogation légale, de rendre ce créancier responsable de la perte de ces avantages ; car la
caution peut dire qu'en s'engageant elle a pensé que le
créancier chercherait à améliorer sa position, à acquérir
des sûretés nouvelles. Elle peut dire qu'en voyant le
créancier acquérir une hypothèque nouvelle, elle n'a pas
pris les mesures qu'elle aurait prises sans cela pour assurer son recours[1].

Enfin, nous ajouterons que la disposition de l'art. 2037
est générale ; que cet article ne s'occupant pas de l'époque
de l'acquisition des sûretés, il semble difficile, en présence
de son texte, d'admettre la distinction que l'on propose.

§ 4. — Lorsque le créancier a, par son fait ou sa négligence, diminué
les sûretés qui protégeaient la créance primitive, de sorte que la
subrogation à ses droits est devenue impossible pour partie, la
caution est-elle affranchie de son engagement pour le tout, ou n'en
est-elle déchargée que dans la limite du préjudice qu'elle éprouve ?

Nous n'hésitons pas à dire que, lorsque la subrogation
est devenue impossible pour partie, la caution n'est libérée que dans les limites de ce que lui aurait fait obtenir
la subrogation. Nous allons même plus loin et nous pensons que si la subrogation est devenue impossible pour le
tout, la caution n'en reste pas moins obligée à toute la
dette, si, à raison de l'inefficacité des sûretés auxquelles le

---

1. MM. Duranton, n° 382 ; — Ponsot, n° 334 ; — Troplong, n° 571.
Req., 12 mai 1837 (Dalloz, *Cautionn.*, n° 356); Cass., 17 janv. 1831 (Dalloz, n° 356).

créancier a renoncé, la subrogation n'eût rien pu faire obtenir à la caution[1].

Le texte de l'art. 2037 paraît contraire à cette distinction ; il semble dire que la décharge est absolue ; que, du moment que le créancier a, par son fait, perdu une de ses sûretés, la caution est libérée pour le tout. Mais cette interprétation serait contraire aux précédents, à l'esprit de la loi et à l'équité qui a dicté l'art. 2037.

Pothier décidait (*Obligat.*, n° 520) que la caution n'était libérée que dans la limite du profit qu'elle aurait pu retirer de la subrogation, et nous croyons qu'aujourd'hui il faut donner la même solution, car la décharge accordée à la caution par l'art. 2037 ne lui est accordée qu'à titre d'indemnité du préjudice que le créancier lui cause en rendant la subrogation impossible ; le législateur a voulu la protéger contre le dommage qui pourrait résulter pour elle du fait du créancier ; la déchéance ne doit donc avoir lieu que dans les limites du préjudice qu'il cause à la caution.

Il sera difficile, il est vrai, d'apprécier le dommage que fait éprouver à la caution la perte des sûretés qui protégeaient la créance, et, par suite, de savoir jusqu'à concurrence de quelle somme la caution sera libérée. Mais cette considération ne doit pas nous arrêter, car, dans le cas de bénéfice de discussion, il n'est pas plus facile d'apprécier le dommage que cause à la caution la négligence du créancier, qui, par sa lenteur à discuter le débiteur, le laisse

---

1. Toulouse, 2 janvier 1823 : Dall. v° *Cautionn.*, n° 357.

devenir insolvable; et cependant le créancier à qui la caution a indiqué les biens à discuter et a fait l'avance des deniers nécessaires pour la discussion, est responsable envers cette caution de l'insolvabilité du débiteur survenue par défaut de poursuites (art. 2024), c'est-à-dire que le créancier est responsable du dommage éprouvé par la caution par suite de ce défaut de poursuites. (Mourlon, *Subrogation*, p. 518; Troplong, *Cautionnement*, n° 572; Ponsot, *Cautionnement*, n° 334; Zacchariæ, Aubry et Rau, t. III, § 429 et notes 9 et 10.)

POSITIONS

————⚬⚬⚬⚬————

Droit romain.

I. — Les débiteurs solidaires n'ont jamais eu le bénéfice
de division, ni dans l'ancien Droit romain (*Nec obstat,*
l. 47, *locati conducti*), ni dans le Droit des Novelles
(*Nec obst.*, Nov. 99).

II. — Lorsqu'un débiteur solidaire paie toute la dette sur
les poursuites du créancier sans se faire céder les
actions de celui-ci, il peut recourir contre ses codébiteurs par une action utile. Cette action utile n'est
pas l'action *negotiorum gestorum*, mais l'action même
du créancier.

III. — Suivant Celsus, le *fidejussor indemnitatis* pouvait
être poursuivi avant le débiteur principal. (Loi 42, *De
reb. cred.*, D.) Suivant Paul, l'action contre le *fidejussor indemnitatis* avant la discussion du débiteur
était impossible. (L. 116, *De verb. oblig.*, D.) Il n'y a
entre ces deux théories qu'une différence de procédure.

IV. — Le *mandator pecuniæ credendæ* peut repousser le créancier qui s'est mis dans l'impossibilité de lui céder ses actions; le fidéjusseur ne le peut pas. Cette différence s'explique par la nature du mandat et de la fidéjussion.

———

Code civil.

I. — Le tiers acquéreur n'est pas subrogé légalement contre la caution ; la caution est au contraire subrogée contre le tiers acquéreur.

II. — La caution personnelle est subrogée légalement contre la caution réelle, comme elle le serait contre une caution personnelle qui se serait obligée jusqu'à concurrence d'une somme égale à la valeur de l'immeuble hypothéqué.

III. — Le bénéfice de l'art. 2037, C. civ., appartient aux cautions solidaires.

IV. — Le créancier est responsable envers la caution, non-seulement des sûretés qu'il perd par un fait positif, mais encore de celles qu'il perd par sa négligence.

V. — Le créancier peut s'adresser à la caution sans avoir mis le débiteur principal en demeure.

VI. — Le tiers acquéreur ne peut renvoyer le créancier à discuter les immeubles hypothéqués à la sûreté de la même dette qui sont restés entre les mains de la caution.

VII. — La subrogation a pour effet de transférer au subrogé l'action même du créancier.

Histoire du Droit français.

Les *Établissements* de saint Louis sont une œuvre privée
et non pas officielle.

Procédure civile.

Lorsque le défendeur ne constitue point avoué, ou que
l'avoué par lui constitué ne conclut point, le Tribunal, avant d'adjuger le profit du défaut au demandeur, peut, pour s'éclairer, ordonner une enquête.

Droit criminel.

Lorsqu'un prévenu est acquitté devant une Cour d'assises,
le ministère public est non recevable à renouveler
les poursuites, en donnant aux mêmes faits une
autre qualification.

Droit commercial.

Le commerçant qui s'est engagé comme caution en matière
commerciale ne peut pas opposer le bénéfice de
discussion.

Droit administratif.

En cas d'expropriation pour cause d'utilité publique, le fermier ou le locataire a droit à une indemnité, lors même que son bail n'a pas date certaine.

Droit des gens.

Si des particuliers d'un État neutre viennent à construire dans ses ports des navires de guerre destinés à l'une des deux nations belligérantes, cet État, en les laissant faire, ne doit pas être considéré comme rompant la neutralité.

Vu par le Président de la thèse,
Ernest DUBOIS.
Nancy, le 22 juillet 1874.

Vu par le Doyen de la Faculté,
Ph. JALABERT.
Nancy, le 23 juillet 1874.

Vu :
Le Recteur,
JACQUINET.
Nancy, 23 juillet 1874.

TABLE DES MATIÈRES

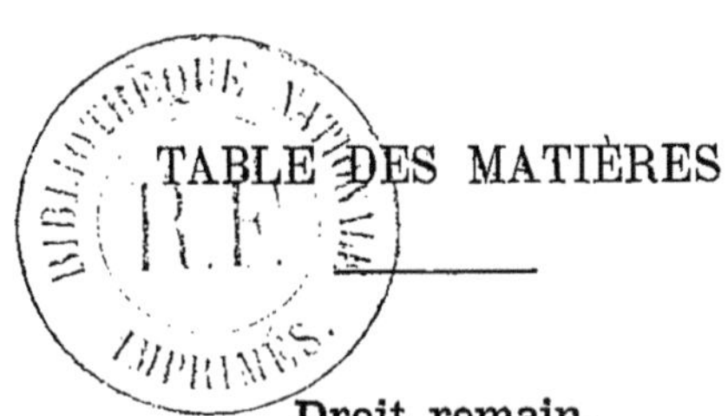

Droit romain.

Droit français.

Nancy. — Imp. Berger-Levrault et Cie.